我的青春我的梦

全国中学生校园美文精品集萃丛书

闹红深处见娉婷，花光人影，分占十分清

开在心灵深处的花朵

《作文与考试》杂志社 选编

时代文艺出版社

图书在版编目（CIP）数据

开在心灵深处的花朵 /《作文与考试》杂志社选编．—长春：时代文艺出版社，2018.8（2023.6重印）
（“我的青春我的梦”全国中学生校园美文精品集萃丛书）

ISBN 978-7-5387-5706-4

Ⅰ.①开… Ⅱ.①作… Ⅲ.①作文－中学－选集 Ⅳ.①H194.5

中国版本图书馆CIP数据核字（2018）第004068号

出品人　陈　琛
产品总监　郭力家
责任编辑　李荣崟
装帧设计　李　斌
排版制作　隋淑凤

开在心灵深处的花朵
《作文与考试》杂志社　选编

出版发行 / 时代文艺出版社
地址 / 长春市福祉大路5788号　龙腾国际大厦A座15层　邮编 / 130118
总编办 / 0431-81629751　发行部 / 0431-81629758
官方微博 / weibo.com / tlapress
印刷 / 北京一鑫印务有限责任公司
开本 / 700mm × 980mm　1 / 16　字数 / 153千字　印张 / 11
版次 / 2018年8月第1版　印次 / 2023年6月第5次印刷　定价 / 34.80元

图书如有印装错误　请寄回印厂调换

编 委 会

目录

当爱你成为一种习惯

当一个人时

我们还剩下什么

人性的追寻

遥望的姿势

当爱你成为一种习惯

你是小城，从革命老区到日渐繁华，你告别了那个青衫布衣的年代，建起高楼大厦。几十载的风雨兼程，你从泥泞和坎坷中走过，微笑着，从不停下行走的步伐……当爱你成为一种习惯，即便人们无暇顾及街巷的垃圾，即便尘土飞扬遮掩了天空，路旁修建房屋的叮叮当当也觉得悦耳，工厂机器的轰轰隆隆也感到动听。爱你，所以理解你，接受你追赶时代的速度，还有你奔跑的身影。

当爱你成为一种习惯

乔　欢

浅笑盈盈，酒窝里装不满的是你的秀美；细步纤纤，脚掌舍不得踏乱的是你的清丽；波光粼粼，南湖的水滋润着你的土地和人民；青山葱葱，耸立的峭壁见证着你的进步、崛起……

这儿的风景晶莹了我的灵魂，这儿的水土强壮了我的躯体，我所有的一切都来自这块土地。当爱你成为一种习惯，我的脑海，我的心中，满满地盛着你的倩影……

你在我的眸子里印入美的图画，我不向往南方澄明的水，也不眷顾北方苍郁的山，甘愿让身心沐浴你的清凉、享受你的芳香；你在我的心里刻上最深切的眷恋，我走到哪里，难忘的都是你甘泉的清冽、杨柳的依依。你是江南的北国、北国的江南，你是自然界所有粗犷精巧、豪放灵秀的结合体；你是豫南明珠，是被红星照耀的土地；你是鱼米之乡，滋养了四方儿女，四溢的茶香陶醉了八方兄弟……当爱你成为一种习惯，看一眼你的姿色、嗅一缕你的气息、感受一下你的温度，都能让我无比依恋和踏实，就像乳儿依偎着温暖的母体。

你是小城，从革命老区到日渐繁华，你告别了那个青衫布衣的年代，建起高楼大厦。几十载的风雨兼程，你从泥泞和坎坷中走过，微笑着，从不停下行走的步伐……当爱你成为一种习惯，即便人们无暇顾及街巷的垃圾，即便尘土飞扬遮掩了天空，路旁修建房屋的叮叮当当也觉得悦耳，工厂机器的轰轰隆隆也感到动听。爱你，所以理解你，接受你追赶时代的速度，还有你奔跑的身影。

我对长辈说，这儿的山水很美，他们却告诉我这里曾有金黄的沙滩，甚至还有随处可见的小蟹，人们偶尔相聚捉虾捕蟹也是一道闲适的风景；我说这里发展很快，他们却拿出了老照片，街道窄小但很整洁，楼房低矮但天空很高很蓝……原来，你可以更美。

那片沙滩哪儿去了？什么时候能回来？那群小蟹呢？还有我们所遗失的其他更多的呢？

当爱你成为一种习惯，我渴望千百次轮回后再回到这里，你山水依然、风采依然。爱你，就不能贪婪地汲取你的美而不懂得珍惜；爱你，就要给你披上光鲜的彩衫，笑盈盈地招徕四方宾朋，展示你的魅力……

从成茧到羽化，途经一个小小的蜕变，在历经了努力和发展之后，我仿佛已经看到你成熟的羽翼在蛹内扇动。爱你，就让我们用行动把你变得更加明净透亮，用双手助你蜕去困扰你飞翔的枷锁。当爱你成为一种习惯，我满怀期待地仰望你破茧成蝶！

时间的长河中努力创造自己的价值，升华自己的生命。

任时光流逝，我自奋然前行。

春 雨

李祥杭

我一直以为能够爱的对象只是人，没想到自己会对某个地方产生那样深刻的眷恋。我实在是太喜欢我的家了，提笔描绘，往往无从下手，因为我不确定写一天的哪个时辰好，一个月的哪个节日好，一年的哪个季节好，总是觉得家无论何时都像梦境一样美丽。以前我觉得是因为家人才喜欢那个家的，但后来发现自己也爱它作为房子的本质：所处气候、空气、植物、景观、环境、氛围。它是梦与幸福坚固透明的容器，那样可靠，那样屹立不倒，固执而沉默地长久守着小块属于我们的地，随时等待回归。

今天的雨下得很大，粗大的雨点敲打着桉树叶子，特别凄凉。我就在宿舍里，吹着莫名其妙的穿堂风，洗着晾着永远洗不干净的校服。雨自然而然地勾起我的回忆，同时也在暗示，我已经失掉一些幸福，比如这春雨的内涵，恐怕是再也领会不了的了。我印象中的所谓春雨就是春天里下的暴雨，经常是在下午放学后，开始象征性地飘了些雨，我们就在既惶恐又欢快的心境里各自奔回家，卖弄脚尖的功夫，以最快的速度绕过冰凉的巷头巷尾。我想我的记忆就扎根在这些片段里，受归属感的浸润，长盛不衰。

我的梦里，春雨一直稀里哗啦地下着。

春雨来到前几个小时，气温骤然下降，太阳的光热乍离乍合，不一会儿，天地间便灰蒙蒙了。风开始一波波涌起，从天上，从地上，从远方，风是那么冰凉，轻而易举打开了人的所有感官。如果冰凉分层次，春雨的冰凉是最好的那一种，不仅在身体之外凉气四浮，就连体内也平地生起一股冰凉，随血液在周身环流。这时，你只感到血液的温热和不可名状的冰凉，好像在风的缓慢的律动中，自己简直是一条冰凉的鱼，懒懒的不再游动，往海的更深处沉落、沉落。水压没有带来任何不适，倒是安谧愈见深厚，就像海一样的被子，安全、柔软、舒适。

雨就要来了！雷声大作的时候我总是已经到家，天空翻滚着明艳的光，或是尖锐的闪电，数秒之后，轰隆隆，摇晃大地的声波荡过天际，听着雷声我就像在读一本文言小说，无论如何惊险，总与自己无关，甚至有时候还觉出点儿异样。跑上三楼，把窗子一个个关好，风已经渐渐小了，然后雨渐渐大了。

咚咚咚，刚开始还能听见雨敲窗的固执，到后来两耳全是沙沙沙的声音。不知道是不是错觉，雨一下天便暗得很快，在灯火照耀下，细密的雨点，在空中泛出条条晶莹的一划而过而又连绵不绝的白光。

雨夜总是美满团聚的时刻，如果父亲在，一家子就能温馨地吃饭，然后开心地聊一会儿天，雨在这时是辅助的音乐，轻甚于无，有一种比雨意更好的东西在四周弥散。如果父亲不在，那么我和哥哥就待在楼上的屋子里做各自的事，偶尔扭过来讲几句笑话，提起某人某事，问一些不着边际的问题，这也是团聚的时刻，甚至更加亲切，它似乎是本就该有的东西，一种美丽的习惯。如果……我忘了没有如果，哥哥一走就再没有团聚，但至少，我还守过了一年的雨夜，尽管夜晚坦荡的天空常飘满了各种各样的遗憾，但我还有家、雨、一段放学的路、一份淡淡的情怀。

从傍晚的杯盏相碰，夜晚的轻声交谈，到夜深的沉默，春雨里的幸福逐渐推迟逐渐变淡。春雨的最后一部分就是我自己的呓语。雨从从容容地落下，落到地上汇成水流填满沟壑，雨水便循着水渠的方向延伸着，在看不见的夜里，延伸着。而我，做着一张又一张考卷，背着一首又一首古诗，想着一个又一个人，时光便随春雨一点点干干净净地消逝。终于，最后的团聚必须再向前推移，而再往前，就是黎明了。黎明是行走的阳光，黎明照亮了很多很多东西，包括春雨里洗过的路标。

而忧伤的我，在黎明的前夜，也意识到了人事的不寻常。在那些安静的最后的午夜里，我鼓励自己再幸福一次，月亮升起，把木床和我的满身安宁照亮。我睡着了，所以我紧紧拉住被子的手松开了，我睡着了，所以我蜷缩得像一只小猫。

今天的雨下得很大，桉树叶子已经安静下来，风也渐渐息了。灯灭了，宿舍一片漆黑，却不是春雨，我想着。

夜里，睡意从回忆中浮上来，我听见雨声像是一条条鱼从我脸颊游过，在漆黑的空间里格外清澈、自在、快活。

心　惊

肖　楚

我漫步在校园的林荫道中，猛然抬头，那夕阳就要坠落了，夜幕即将来临，虫鸣叫起来，忽然想到《古诗源》“蟋蟀鸣，懒妇惊”，一种莫名的心惊袭上心头。

自然之物灵性大得很，可却总是在猝不及防之时，给人心惊！

夏日，知了没完没了地唱，我随意到树荫下歇歇，到草地上走走，享受大自然美妙的馈赠。走着，便转悠到了一片开阔的野地，眼前许多蚂蚁来来往往，牵成一条线，它们忙碌着，奔跑着。我顺着它们的线路寻去，许多蚂蚁正在搬弄食物，我仿佛听到它们“哎哟，哎哟”的呐喊声，就在一个土包上，草木葳蕤，黑色蚁巢赫然现于眼前。这小小的灵物，让我惊警不已，原来许多事都要未雨绸缪，从蚂蚁们来去匆匆的节奏中，我似乎感受到那位懒妇无尽的懊悔。

这些小小的灵物，也许还藏着更深远的寓意呢！

这是一个开放的园子，这里的花草树木、溪流虫鱼，都让我心惊不已。我不禁想起江南的另一座花园，那里姹紫嫣红开遍，那里朝飞暮卷，云霞翠轩，这美好的景致顿时让杜丽娘萌生强烈的伤春之感，这美好的时光怎就这样糟蹋了？

这红花、雨丝、烟波，是无声的蟋蟀，它让丽娘惊警，也让后人惊警着，珍视青春，把握现在，充实未来。

自然是一部百科全书，一片落叶，一缕阳光，一抹微云，都有灵性，都能给人教诲，让人心惊，给人颖悟，如一阵风荡开思想的片片涟漪。一位东方哲人，在山冈上悟而叹曰：樗、栎以不材终其天年！

阳光从树隙中筛下，斑驳一地，鸟惊飞而去，柔柔的阳光如春水泛起，漫过我的双膝，我惊讶着，惊恐着……

遥远的国度传来另一只蟋蟀的鸣唱，那是泰戈尔笔下的灵物："蟋蟀的唧唧，夜雨的淅沥，从黑暗中传到我的耳边，好似我已逝的少年时代沙沙地来到我的梦境中。"

蟋蟀鸣，懒妇惊：大自然中的种种现象，即使是细微的，短暂的，或永恒的，都能给人以彻悟与警示……

那一抹残荷

魏 硕

十月，秋天，枯黄的季节。整个天地仿佛都被枯黄的草、凋零的花、飘落的叶所充斥着，包围着。原本开满荷花的池塘，也成了“菡萏香销翠叶残”，疮痍满目，令人目不忍视。

它也曾经绚烂过，美丽过。

盛夏，池塘里常常挤满了碧绿的叶和粉红的花。这儿一片，那儿一抹，相互拥挤着，碰撞着，好不活泼热闹。

午后，阳光铺在这条翠绿的河上。我时常担心这光会灼疼荷花婴儿般柔嫩的花瓣。偶尔，从远方拂来一阵微风，从池塘上掠过，那翠绿的叶上便掀起一阵波浪，顺着风的足迹缓缓地向远方延伸着，跳动着。

最妙的是下点儿小雨啊！夏雨并不猛烈，只是轻轻地、薄薄地斜织着，给那池塘恰到好处地笼上一层半透明的、白雾一般的轻纱。那荷便在朦胧的烟雨中若隐若现，羞涩地绽开粉嫩的花瓣，微露出淡黄的花蕊，宛若一位刚临人间的仙子。“柳外轻雷池上雨，雨声滴碎荷声。”偶尔有一两粒水珠拍在荷叶上，便是“啪”的一声绽开一朵水莲花，然后倏地一下钻入那碧绿的水中。

那时候常常伴着一群驻足赏花的人。一群人站在桥上，向前倾着身子，向荷花望去。时不时有两三个拿着相机的人或立或蹲，或远或近地调着镜头，但荷却不为所动，只是静静地开着。

但现在却只有我一个人了。满眼的萧瑟包抄了池塘，旁边的小路上零星地散落着几片枯萎的落叶，看不见足迹。

如今的荷花早已香消玉殒，伴随着花瓣凋零的还有那片人群。现在与其说是花，倒不如说是杆，一根根如老人手指般干枯的杆，笔直地刺向灰暗的天空。虽然无花，却不显得怎样的凄凉，仅存的几点残荷执着地浮在水面上，残破却整齐地排列着，倔强却又悲壮地立在池塘中间，仿佛在吟唱生命最后的绝唱。

隐约间，听见有走过的人叹息：秋天都到了，该谢就谢了吧，又没人看了，还等什么呢？

心仿佛被什么死死扼住，有一种莫名的悲哀，说不清是为人，还是为荷。荷，它不是为人的赞赏而开放，它总在默默地坚守着，即便残败了却顶着疾风骤雨而活着啊！

荷如此，人当如何？

感　　秋

陈坤妮

秋天，是属于菊花的季节。

古人云："以小明大，见叶落而知岁之将暮。"这"梧桐一叶"而"天下知秋"的遥想，透出的始终是秋的萧索、凄凉。

有几许梦里时光，独自漫步在田埂上，周围是无边的花海，那灿烂的颜色就好似透明的火光，柔和却有它独特的魅力，似要与日争辉。

梦醒时分，挥不去的是那一抹金色缭绕。于是心中便有了期望，要看一看，那梦中的菊花。

菊花是艳丽的，它婀娜多姿；菊花是可亲的，它温柔多情。菊花或许没有玫瑰的妖冶高傲，却自有纤柔美态引人入胜；比之牡丹，菊花少了一分俗气，多了一分清雅。

史上叱咤风云的英雄豪杰们也爱菊，他们常以菊自比，傲雪凌霜，无惊无惧。舍身刺秦王的荆轲，在高渐离激越的琴声中，踏上"征程"，为这位不复还的壮士送行的，是那猎猎寒风中怒放的菊花。朵朵傲霜的野菊在天空中留下了亘古不变的光影。当年，楚霸王与虞姬在四面楚歌中做生离死别：虞姬挥着利剑，长袖轻拂，剑刃优雅地在她颈项边飞舞，血色之菊骤然绽放。虞美人最后的舞蹈，带着一丝不舍，带着一丝悲壮，舞出了项羽英雄末路的悲歌。不久后，霸王自刎于乌江，鲜血染红了岸边的菊花。从此，这江岸边的菊花幽香缕缕，盛开千年。

走在蝶园里，身旁伴着的，是翩翩飘飞的蝶。园中零星散落着几盆菊花，看着它们，心中有淡淡的失落。毕竟，在这个城市，秋天是平淡的，或许，没有秋天。那么，漫山秋菊的景象，“满城尽带黄金甲”的壮观，也许只能在梦中见了。

靠近一盆菊花，有蝶停在它的花枝上。花下土壤上，垂死的蝶努力地扇动翅膀，生命的顽强令人敬佩，且让这菊花，陪着它走过最后的路程吧。

花落了，风冷了，蝴蝶的翅化作风中的尘，随风去了。秋天悄然来临。

碧落秋寒，小城带着笑容，收下了它的礼物，那隐隐传来的圣洁菊香。

千古菊韵流到今，盼着有一天，城市的金碧辉煌由菊花来装点，满地菊花，满地秋。

生命的遐想

朱琪辉

人类科学中，我始终认为，最玄妙也最令人向往的两个领域，便是宇宙和生命。本来这两者也没有什么联系，然而在自然界中却偏偏有那么一样东西，凭着其独特的构造和外形，把两者巧妙地联系在一起。早在遥远的史前时代，人们便对这种东西寄托了无限遐想和崇拜，这东西，便是美丽的蛋。

在古代，鸟类本身就是一种奇妙的动物，它们浑身披挂彩色的羽毛，双翅一振便能跃上云霄，自由地在高天里飞翔。古埃及人认为，他们最早的文字便是受到鸟类在尼罗河岸湿地上行走时留下的爪痕的启发而创造的。古印度和古中国都有把鸟类神化的例子，凤凰涅槃和精卫填海，都是明确的佐证。

鸟类已经不凡，鸟类的蛋更令古人感到神秘。蛋的构造可能是造化最为卓著的包装，其外形浑圆，既无起点亦无终点，可谓无穷无尽。其外壳洁白坚硬，破开后却是清澈的蛋白和黄得令人心醉的蛋黄，虽说两者看似界限分明，却又融合紧密，几乎无法将二者完全分开。最奇妙的是，本无任何生命迹象的鸟蛋，在经鸟类的孵化后，一只可爱的雏鸟破壳而出，化为一个崭新的鲜活生命。这种现象让古人无法参悟，于是，在古人心中，蛋是一个孕育并包藏生命的载体，蕴含着神秘的特殊力量，是生命与重生的象征。

既然鸟类和鸟蛋都有神奇的力量，那古人也就愿意将自己的先祖同这种力量寻上渊源。《诗经·商颂》讲述了一个玄鸟生商的故事，其中说："天命玄鸟，降而生商。"《史记》中也有秦人始祖大业是因其母吞燕卵受孕而生的说法。唐人欧阳询在《艺文类聚》中曾有"天地混沌如鸡子，盘古生其中"的记载，说秦人始祖大业也是在鸡蛋一样的混沌中孕育而生的，这恐怕是古人对宇宙初生时期最为贴切的比喻了。

在我国一些地方，有清明吃鸡蛋的习俗，称为"节蛋"。在一些地区，人们会将水煮蛋扔在墓碑上打碎，蛋壳丢在坟上，象征"破壳"，预示生命更新，希望先人佑护子孙出人头地。倘若要探究清明节吃鸡蛋、撞鸡蛋的象征意蕴，其中应该寄托着人们对生命、生育的崇敬之情。

美丽的蛋、奇妙的蛋，虽然科学已让我们了解许多，但我们愿对它——心存幻想。

梅　柳

黄　允

古老的文峰塔下，碧波荡漾的丰乐河边，一年一度的上九庙会正喜气洋洋热热闹闹地进行着。到处是熙熙攘攘的人流和此起彼伏的吆喝声，菏泽的牡丹，上海的核桃，疏枝遒劲的蜡梅，迎风怒放的杜鹃，绿色的盆栽摇曳着婆娑的倩影，令人驻足，让人忘返。突然，我的目光被一种似梅又似柳的花儿所吸引，我问卖花人这是什么花，曰："梅柳。""是梅花的梅柳树的柳吗？""是呀，一元钱一支。只要一点儿的清水，就可带给你一年的美丽。"梅柳，多么动听的名字，我毫不犹豫地买了一小捧，摆在书桌的一角。因了梅柳，我家的书房顿时生动了起来。

梅柳柔韧的枝条上，点缀着疏淡的或黄或红或绿的花苞，鼓鼓的，像极了含苞的梅花，又像早春刚萌的柳芽，带给我疏影横斜的梅的幽香，带给我丝丝缕缕柳的缠绵。

梅是高洁孤傲的，陆游的一首《卜算子·咏梅》："驿外断桥边，寂寞开无主，已是黄昏独自愁，更著风和雨。无意苦争春，一任群芳妒，零落成泥碾作尘，只有香如故。"借梅花诉说了自己坎坷的政治遭遇，词中所写的梅花是他不随波逐流的高洁品格的化身。他的好友陈亮也作了一首梅花诗："一朵忽先变，百花皆后香。欲传春信息，不怕雪埋藏。"借梅花表明自己对政治有先见，不怕打击，坚持正气的精神，是陈亮自己整个人格的体现。

柳带给我的则更多的是离别的感伤，李叔同的“晚风拂柳笛声残，夕阳山外山”道出了黯然销魂者，唯别而已！古代有折柳灞桥、长亭送别的习俗，诗词里常用柳来渲染别情。李白的“年年柳色，灞陵伤别”，王维“渭城朝雨浥轻尘，客舍青青柳色新”一唱三叹的《阳关三叠》道出了多少天涯沦落之情，人生的相思之恨化为千丝万缕缠缠绵绵无休无止。

欧阳修曾在扬州蜀冈上大明寺平山堂前，手植柳树一株：“手种堂前垂柳，别来几度春风”，谓之“欧公柳”，在诗词中留下大量咏柳的句子。如“庭院深深深几许？杨柳堆烟，帘幕无重数”“河畔菁芜堤上柳，为问新愁？何事年年有”“群芳过后西湖好，狼藉残红，飞絮濛濛，垂柳阑干尽日风”“青梅如豆柳如眉，日长蝴蝶飞”“月上柳梢头，人约黄昏后”……欧阳修早期在“庆历之争”时支持革新派范仲淹等人与保守派吕夷简等做斗争，因而遭到贬谪，先任滁州太守，后迁扬州颍州为知州，他在地方官任上依然关心国事，同情人民疾苦，为民所颂戴，其手植欧公柳亦为百姓所保存，丝丝飘动的垂柳亦染上了欧公与民同乐的雅兴。

苏轼亦有“枝上柳绵吹又少，天涯何处无芳草”的佳句，贺铸的“试问闲愁都几许？一川烟草，满城风絮，梅子黄时雨”形象地表达了伤春惜春的情怀……

梅和柳寄托了人们太多的情思，如今有了梅柳，既不用担心残梅寂寞了春红，亦不用忧愁柳枝枯萎了鹅黄，一天一天，任它年华似水，梅柳依旧岁岁年年，或红或黄或绿，居庙堂之高为你平添几分春意，处江湖之远为你增添几许幽雅。任它东南西北风，梅柳永远是不凋谢的春天的风景！

我的青春阅读

史曹一

窗台上的百合花不知疲倦地散发着幽香，月华无声流淌，将古朴的陶制茶盏染上了皎白的光芒。茶的热气仿佛山间的流岚，将我手中的书沾染。我坐在窗前，看得入神，忽略了钟表里匆匆行走的时间。

这曾是我初一、初二时习以为常的事情，如今却成了遥不可及的渴望。原因无他，只是学业繁重。

在阅读方式多元化的今天，电子阅读越来越流行，而我独爱纸质书。我喜欢每一页纸或粗糙或光滑的质地，我喜欢每一个字散发的淡淡的油墨香，我喜欢每一篇文章背后的悲欢离合。

我喜欢读诗：读“窈窕淑女，君子好逑”的浅浅爱恋，读“所谓伊人，在水一方”的淡淡相思，读“唯草木之零落兮，恐美人之迟暮”的浓浓忧愁，读“力拔山兮气盖世，时不利兮骓不逝”的悔恨无奈，读“周公吐哺，天下归心”的雄心壮志，读“人生在世不称意，明朝散发弄扁舟”的潇洒豪迈。

我喜欢读史：读秦始皇一统天下，读冒顿养精蓄锐；读“一代女皇”武则天，读“上帝之鞭”阿提拉；读“开元盛世”“文景之治”，读“安史之乱”“杯酒释兵权”；读铁木真的铁血丹心，读冯嫽的巾帼不让须眉。

“满纸荒唐言，一把辛酸泪。都云作者痴，谁解其中味。”《红楼梦》我已经看过很多遍了，每一次都能品出不同的味道。品味林黛玉

“未若锦囊收艳骨，一抔净土掩风流”的哀怨，品味薛宝钗为人处世的圆滑，品味王熙凤“粉面含春威不露，丹唇未启笑先闻”的精明，品味贾宝玉在封建礼法约束下的叛逆，品味宝黛的痴傻，品味四春的悲哀。

从初三开始，突然觉得时间少了许多，一天二十四个小时转瞬即逝，如白驹过隙。我不再有大片的时间阅读，甚至连宝贵的睡眠也不敢占用。曾经常把玩的书被束之高阁，落了尘埃。因此，我的生活中丢失了一抹色彩，一抹属于书的独特的色彩。我的语言也变得贫乏，仿佛流浪汉的钱包。

我渴望拥有充足的时间阅读有质感的、厚重的书。幻想着，何时，我还能在如水的月色下，引一缕花香一丝茶香一段墨香，捧一本书，故地重游，再忆一次青春阅读。

当一个人时

当一个人时，我们更多的是想想人生的远景，想想属于我们的这一段人生，祈祷着一些美好的降临。当然，我们或许苦于目前的一些境遇，生活索然无味，平淡无奇，似乎总是少了点儿什么，就如叔本华说的，我们很少想我们所拥有的，却总是想自己缺失的。我们的心把自己束缚住了，阻碍了我们本该有的激情与挑战。心灵，是它自己的殿堂，它可成为地狱的天堂，也可成为天堂的地狱。这段箴言，我们真的应该铭记于心。

茶香依旧

黄琳芸

印象尤深的是《复活》的开头："尽管几十万人拥挤在一起，竭尽全力毁坏土地；尽管人们把石头砸进地里，草木无法生长；尽管……但在城市里，春天毕竟还是春天。"不算华丽的句子，却给予我长久的感动。生活或许让我们伤痕累累，无力喘息，但事情并没有那么糟，春天依旧，希望仍在。

而那些一时冲动毁了生活的人，便失了几分坦然，多了几分急躁和肤浅，他们的生命大都充斥着灰暗。正如莎翁笔下为爱盲目的罗密欧，爱火让他失去理智，最终便如同"叹息吹起的一阵烟"，为爱痴，为爱亡。倘若他多几分坦然，是否最终能与朱丽叶携手？

生活给予我们的通常是假象，它或许会让你诸事不顺，陷入疯狂。而你若有执念与勇气打破虚幻，你便会得到它的馈赏。而冲动种下的苦果，亦只能独自品尝。

雪崩使沙利文失去手脚，他几度冲动自杀，甚至设计好周密的自杀计划。在数次自杀未遂后，他终于明白生活给予的磨难无法逃避。于是他学习游泳，演讲，最后成为温哥华市市长。不要轻易打碎自己的生活，或许当你转变一种心境，那些你曾以为已经破碎的，会被你一点点拾回。

福乃祸所倚，祸乃福所伏。事情没那么好，更不会那么糟。你置身旋涡，便会失去方向；你脱离开来，便处之泰然。一时的冲动会使你失去更多，心亦愈消沉。

如今越品读大家的文字，越能感受到其中对生命的欢欣与赞赏。苦难、折磨更使他们懂得感恩。这是生命沉淀下来的分量，一种开阔的心境。

或许我们做不到画家木心那样，对生活的心永远那么浪漫；但我希望，你发现你的茶壶盖碎了，仍能拿着剩下的壶身，沏一壶香茗，品尝淡淡茶香。

回忆是一条没有归途的路

刘　超

近来发现自己有些沉迷于回忆之中，脑海里总是浮现起以前的场景。其实我并不是一个喜欢回忆的人，或许是因为我的年纪还轻，没有什么值得回忆的东西；又或许是因为我涉世不深，没有什么值得留恋的风景。

在这样一个特殊的年龄，一向情绪单调的我也变得多愁善感起来。

有人说，回忆是在逃避尘世的烦扰。什么样的态度决定什么样的心境，决定什么样的人生。把回忆当成逃避的途径的人只看到了它的一面，它其实有很多面，你所看到的一面代表着你的人生态度。常看到老年人聚在一起，边喝茶边回忆自己年轻时候的种种趣事，神采飞扬，脸上挂着笑容。对于他们来说，回忆就是一笔宝贵的财富，是历经沧桑的思想沉淀。这些即将到生命终点的人，他们已不奢求什么，早已看淡了功名利禄，只想平平静静地生活下去，他们是生活在回忆里的。也许我老的时候，也会时常记起年轻时的样子和生活。

大多数人之所以喜欢回忆，是因为留恋过去。可能是因为现在的生活不如意，也可能是现在的生活太平淡，想从过去找一点儿深刻的东西，装点自己。其实，我们每个人都回忆过一些东西，它不一定是美好的，但一定是难忘的，它虽然发生在过去，可能以后再也不会出现，然而它仍然活在我们的脑海里，活在心中的最深处。

《百年孤独》的作者马尔克斯在书中写道："回忆是一条没有归途的路。"初读这句话，我揣摩了很久，不知作者的意思。一段时间以后，我用自己的方式读懂了它。回忆是一条没有归途的路。在这条路上，你前进了多少，就意味你的人生曾经深刻多少，曾经充实多少。它没有终点，但这却并不意味着你可以无限制地走下去。它只是你人生的一个短暂栖息地，而不是你心灵的家，没有人可以永远活在回忆里。

回忆是没有时间、地点和年龄限制的，一个人坐在湖边的石头上可以回忆，坐在公园的长椅上可以回忆，在阳光下可以回忆，在暴风雨中亦可以回忆。当你从回忆中回过神来，你会有一种恍如隔世之感。这没错，回忆本就在另一个世界里，它不属于这个世界，它只存在于每一个人的心中。

回忆是一条没有归途的路……

成全的，抑或是自己

王雅南

母亲不知道从何处觅来一只小鸟，灰白的羽翼，黑色的爪子，灰头土脸的，着实不讨人喜欢，而且似乎不会叫，到我家的几日，从未听过它有什么声响。

母亲说这是一只从北方飞来的鸟，有着不同于南方鸟的沉重。我并不明白母亲的意思。就我来看，家里养这么一只不出声的鸟儿真的无趣极了。或许它来自一个习惯于背负历史包袱的城市，水蓝色广阔的天空下，空无得藏匿不下一只蚂蚁的快乐。而此地，是喧闹而蓬勃的，虽无大都市的繁华，但是江南水乡特有的温秀，竟圈养不了这样一只由北向南寻觅梦想的鸟？我瞧它炎炎日头下的茫然失措，小小眼睛里尽是无助的绝望。

鸟儿并没有壮烈到绝食自杀，只是抑郁，那种哀婉是任何一个人都看得出来的。我几次劝母亲放了它，母亲却总说它会习惯，江南，多美好的地方。那语气是肯定的，让我终于放弃劝说。

一个人坐在南面的窗口，看阳光大把大把挥洒在窗台的植物上，它们委屈地蜷缩着枝叶，挣扎一般。忽然就有一种酸涩的气息涌上胸口。我竭力想象它们舒展的可爱模样。此时，与我一同发呆的是那鸟儿，我知道，它必是哀伤的，却不知道该何去何从。

忽然间，我似乎明白了它的伤痛，并非如母亲所说的那样不知好歹，它只是想做一只简单而快乐的小鸟！它一直是这样艰辛地在路上跋涉，一只鸟儿的梦想，不过是想要飞过天空，然而它却连今晚的悲伤都无法跨过。这期间的过程，也许缘于它的弱小，也许就在你我弹指一挥间的沉默中消逝。我忽然自鄙起来，我自以为看得到它无助的忧伤，却在举手之间停顿，我自以为可以看到它的梦想，却不敢成全。

在这日渐冷漠的城市里，这只鸟儿不也是我吗？是我们所有满怀憧憬却屡屡折翅的心灵！

母亲又端来香甜的鸟食，它照例慢慢吃，似有一种麦田的香气在扩散，我知道母亲是用了心要留住它了。我也知道它并不抗拒，只是那样被动地长久注视着窗外，哪怕是在吃东西的时候。

周六清晨，我带它走出家门到了公园里，果不其然，它在蓝天下活泼了些，尤其是在早晨阳光最灿烂的时候，那一束金黄色的光线直直地扑向鸟笼，它如天使一样把翅膀展开，我第一次看到它张开羽翼，切实地感受到了它的快乐。我也终于敢肯定它要的是自由地飞翔。

我打开了笼门。

鸟儿展翅，有清脆的鸣叫穿破云层。它果然是有美好叫声的，母亲没有看走眼，只是我知道如果不是我今天放飞了它，也许至死它也不会啼鸣。

这就是人生吧，有时遭遇到不可测的命运，只有默默地承受。但是，我们也要相信，人生会有转机，譬如鸟儿遇见同样受困的我。美好的自然接受了一只被困日久的鸟，自然又一次展现了它的魅力。

人和自然总可以找到平衡之点，只要有心。

贮藏阳光

潘 玮

怀揣着梦想与希望，还有一个黑色小瓶，我来到了这样一个书香天堂。请不要问我小黑瓶里装的是什么，我只是想找个地方偷偷地把里面的物质倒掉而已，然后用来贮藏阳光。

我试图把那物质倒在绿茵里。然而，当我蹲下身时，看到的是草尖未晞的露珠反射着太阳的笑容。再放眼望去，初秋时节直挺的小草依旧保持着如初的青葱，其间星星点点的杂草竞相呈现出自由的生命状态。草坪下面一定还会有蚯蚓蠢蠢欲动——这样的土地不辛勤耕耘，岂不是白白浪费了积蓄万千年的肥沃？当黑夜笼罩下来时也许还能够谛听得到促织的声音，牵扯出对远方的挂念。那么，当我把瓶里的物质倒出来，就算小草忍受得了那般酸苦，蚯蚓和促织要怎么去忍受家园被污染？

当我走近香樟时，一丝清新从鼻尖一直弥漫到心底，唤起一幕幕关于初夏的记忆。那时香樟的花静静吐露芬芳，那芬芳就搭乘着微风轻柔地向我吹来。如果香樟原有的郁郁葱葱渐渐被枯黄取代，如果那沁人的芬芳消失在凝重到令人窒息的空气里，如果本该矗立百年的生命就这样戛然而止，那么与其说我是摆脱了瓶中物质的束缚，倒不如说是把痛苦转嫁给了另一个无辜的生命。

当我来到菜地时，看到的是一棵棵青菜绽开的笑脸，那正是曾经苦苦追寻的一朵朵绿色的花。猛然意识到当瓶里的物质占领这片土地时，这些蔬菜发达的根系懵懂地吸收那物质怎么办？那物质要是蔓延到蔬菜的每一个角落又该怎么办？

我没有勇气也没有资格去破坏蚯蚓和促织的家园，去扼杀本该万古长青的生命，去滋长罪恶的痛苦，瓶内的物质终是无处倾倒。不如把那物质灌进笔里，让它流淌在陈旧到泛黄的纸上。也许我心志痛苦，筋骨劳累，体肤饥饿，只是因为上天将要下达重大的使命给我。天资本身就是一种幸运，那么就让我选择豁达乐观，把握现在。

那小黑瓶经过煅烧以后可能就会成为华美如玉的白瓷，既然瓶里原有的物质已经被留在泛黄的纸上，尘封在无人问津处，那么小黑瓶里终将贮满阳光。

就算是怀揣着苦水而来，也要笑得像幸运的人一样灿烂。

雪　树

刘　筱

这个冬天，我感觉自己已俨然站成一棵树。

为了春天，在曾经的苦难里，我一个人站立了太久太久……我对那连连向我扑来的冰雪，不出一言，抿起双唇默默承受它洪水般涌来，它压过我的咽喉、我的胸膛……我一个人置身于黎明与黄昏，独自面对荒烟蔓草。面对它们，我只感受到我的目光和胸口那股巨浪般的火焰，冰雪多冷，我就燃烧多烈……

我知道，每一棵树都会有冬天。我也知道，我的冬天为什么更冷、更漫长、更惨烈。那些不理解我的路人，冷漠的、轻蔑的、猥琐的、残忍的目光，那些弄人的、晦暗的经历，它们一次次偃旗息鼓，又一次次卷土重来，不容有幻想。心是一棵长在高山险峰上的千年古木，不是随便一双轻浮的脚就能征服。也许，你在艰难或是不幸里僵持了太久，也许你等得太久、沉默了太久、失落了太久……心灵的颤音会让你明白，你是最坚固的城墙，是最巍峨的群山。无论狂风暴雨，抑或惊涛骇浪，没有谁能把你冲垮，把你掩埋。

冬天必定会有风暴与冰雪。是的，风雪可以卷土重来，但它不能阻挡我心灵春天的来临。我告诉自己：“永远不要哀叹，你是冰雪里的一棵树。即使身侧是千年寒冰，你也要像春天的新芽一样憧憬……”我希望很多年后，我依旧这样想，不管沧海与桑田，我总是执拗地像树一样为春天活着，坦然正视生命中那无边的冰雪，作为一棵树我可以是四季的火焰，废柴也可燃烧，枯木仍会逢春。我常告诉自己，冰雪可以永远存在，烈火也将永远存在。冰雪，总归会融于流水；而春天那明艳的火焰，只会燎原而不会熄灭。

你融化不了别人，可以融化你自己；你拥抱不了星空，可以用最温暖的方式拥抱自己。让那寒夜里闪耀的冰霜雨雪，跳跃成人生最唯美的烛光与火把，点亮下一个梦想的路口！所有的黑夜都可以有光明，就像所有的旷野都可以拥有草木和花朵。

无论我们曾经有过多少艰辛，明天即将有多少艰辛；无论我们曾经有过多少磨难，明天还能有多少磨难；在时光日复一日的缓慢进程里，有很多痛苦就像是图钉一样，随着滚滚而过的车轮扎进我们的心中；那些都不重要。重要的是，我要用温暖的手，轻盈地把它放到心之外，冰雪之外，严寒之外。

我在长夜如洗里破茧成蝶，用心灵的春天，染绿所有的忧伤，并辅之以明媚。我是那棵冰雪里的树，在冰雪的亲吻下燃烧我的热血。

又是一年芳草绿

刘敏丽

午后坐在树荫下，阳光从叶的缝隙中滑出，满眼苍翠里，春的气息在天地间蔓延。而我沉默着，对这繁华葱茏的绿意心生了惊怯……

几年前我在东莞上学，那个城市永远是车水马龙，人群熙攘，然而久居在喧闹之地的我却未曾感受过真正的“热闹”。

当我听见老师在课堂上绘声绘色地描述着“苍翠欲滴的耀眼”的植物时，心里难免产生悲怆之感。大城市里的树木，都被水泥禁锢了根系，长得矮小又毫无色彩可言。公园里的绿色十分昏暗，用手摸去，可看见细腻的灰尘。

偶然听到同学说起，沿一条小巷可以直通校外的公路。有一天清晨，见天色正早，我便走进了小巷。

路面是平坦的青石块，鞋底与路面的摩擦声十分清晰，有燕子在一座平房的墙角里筑了巢，不停地叫着。走了不远，一处绿意吸引了我，是路边很大的一丛草，细长的叶子垂成无可挑剔的弧线。我小心翼翼地用手触碰，生怕惊扰了它的好梦，却见一颗圆润晶莹的水珠滑落，让我十分欣喜。

在微亮的晨光里，看着绿意在眼前跳跃，耳边交织着屋檐下水珠滑落的“嘀嗒”声和自己浅浅的呼吸声，心中觉得十分寂静，又害怕自己会失去这样宝贵的一刻，心里顿时冒出丝丝惆怅。可衣服上还有晨雾的清香，指尖儿捏着露水。那是我心目中东莞最美的样子。

回到老家，我在村里看着无边的青山，却不知怎么又记起了那一丛蜗居在城市角落里的绿意……

后来的某个暑假，又一次到了东莞。这里依旧是老样子，工厂的烟囱似乎想刺破天空，树边有了各种广告牌的装点，风一吹，细细的粉尘便又飘散了……

我走进小巷，去故地造访那些可爱的绿精灵，却怎么也找不到了——小巷的青石已被替换成了水泥，建筑也已被拆去。四周都是陌生的气味。我走错了吗？然而我走出时却看到了一户人家的台阶上遗留的点点灰白的燕子粪迹，心里顿感悲凉。

回到家乡后我不再怀念。只是每逢春雨刚停，我都要出门看看，饱览这山野的绿意。

我终于开始懂得欣赏。大自然的美，是丰盛端庄的，它如同一种秩序，一种道理，郑重自持。然而最美好的东西也十分脆弱和矜持，它不愿意让人轻易懂得。

又是一年的春天了，绿草在风中起伏，如同潮水。我在这乡间，不知饱览了多少绿意后，却仍放不下那个清晨……也许，小草、记忆中的小巷和曾经十分美好的自然之物都是一样，被时光的潮水反复冲刷，只能留下供人怀念的断壁残垣……

还能做孩子多久

金振宇

成长始终是一条阳光泛滥的河流，有时候时光像云上的水，蒸腾的是雾霭，落下的是雨，在它的颠簸流转中，心灵愈加清明。曾经的人，曾有的邂逅，曾有的故事，被记忆的线连缀成珠，一颗一颗，倒映着沧海月明。

成长就像是一种行走，一种消逝中的行走，它跨过笑与泪，红与黑，义无反顾地向前迷失而去。

站在十六岁这个青黄不接的尴尬年龄，这个场面时常在深夜出现在我的梦里。梦醒时分，袭来的却是漫长的惆怅与感伤。

时常想起那些已被时光印下封条的时光，我们在那些高高的野草之中隐藏、奔跑，茫无目标。累了就倒在地上喘气，世界安静得只有自己狂奔的心跳和沉重的呼吸。我们就这样倒下去不起来，看黄昏里的云不知去向。

抬起头时被呼啸而过的疾风刺到，并看见我的青春路上，有黑色的洪流，提前汹涌而来。时光拉着我的手迅速奔跑，这条路越走越短。我知道，孩提时代，已无归期……

我看着镜中的自己，心如刀割，那个张扬的孩子哪里去了？我感觉自己身处蜂拥追赶金钱名誉的人群之中，夹在中间踉踉跄跄地被推着挤着搡着向前走去。我还遗忘了一个背包在后面，那里面装着我的玩具和快乐，我要回去拿，我一定要回去拿！我无数次梦见自己一个人逆着人群行走，脸上刻着决绝与妥协并存的坚定与犹豫。

校园里的白桦黄了又绿，在明亮的窗外窸窸窣窣地晃动，饱满的碎小叶片将阳光折射得充满了年少无忧的欢快。金黄色的阳光被教室的窗棂切割成规则的形状，洒落在贴满了考试信息的白色墙壁上，知了的叫声被热浪吹得一浪高过一浪，白衬衣在风扇的吹动下随着翻飞的试卷和书本不安分地鼓动着。

十六岁，不是孩子，也并未达到真正绽放的时刻，只是一个成长的过渡、一种醒悟的感觉，我们可以拥有最纯真的幻想和最严肃的思考。但是我越来越发现，生活中缺少歇斯底里的欢乐，的确，成长自有隐痛。

快快走还是慢慢走

周丽娜

人们都喜欢旅行。旅行的时候，有的人喜欢走马观花，马不停蹄；有的人喜欢细细欣赏，流连驻足……

人生就像一场旅行，而生命是这场旅行的全部资本。可是这场旅行很特殊，它没有回头的路，没有人有重游的权利。一旦开始旅程，生命也就开始了倒计时。

在这场人生的旅行中，我们应该怎样走？是快快走还是慢慢走？

快快走吧，人生苦短，让我们在有限的时间里走远一点儿，看多一点儿。人生的旅程无尽精彩，既有繁花似锦的桃源，也有荒无人烟的大漠；既有横亘的高山，也有深幽的峡谷；既有天朗气清春风得意之时，也有乌云密布落魄失意之际……只有尝尽人生百态，才不枉人生一场。快快走，才能在人生之旅中走得更远，看得更多。

快快走，不要因流连浮华而将岁月蹉跎。大千世界充满太多的诱惑，金钱、名誉、地位……它们就像一个色彩夺目的大花园，散发着异样的香气，让你眼花缭乱，渐失心神。它们诱惑着你一步步向前靠近，当你走进去以后才发现，里面形如迷宫，再想出来就不容易了。在里面不断地兜转，到头来才发现你的记忆里除了一个虚荣的花园，什么也没有了。快快走，不要等到年老发白才为蹉跎岁月而伤悲，或甚至临死之前，才觉悟到自己虚度一生。

慢慢走吧，生命只有一次，不要走得太匆忙而把生命最值得欣赏的风景都错过了。也许你以为山巅的景色独美，只有登临绝顶，才能一览众山小，所以日夜兼程，身心疲惫。其实，当你放慢脚步，你会发现或许沿路的一切更值得欣赏：那从石缝中钻出的小草迎风摇曳，向你展示生命的坚韧与顽强；路边天然生成的累累顽石，虽经风历雨依然泰然自若，向你讲述生命的亘古与沧桑；小溪蜿蜒而出，悠然而逝，尽显生命的灵性与恬淡……慢慢地走，不要忙于追逐，踏实地走，一步就是一个脚印，一步就有一步的行云流水，一步就有一步的精彩！

慢慢走，寻找生命中最值得拥有的东西。人生一世，可拥有的可追求的实在太多了，但什么才是非得要得到的呢？慢慢走吧，不要因赶去欣赏权钱之花的开放，把亲情的森林抛诸脑后；不要因赶去采摘地位的果子，把友情的草原匆匆踏过。古语有云："人生一世，亲情、友情、爱情三者缺一，已为遗憾；三者缺二，实为可怜；三者皆缺，活而如亡！"慢慢走吧，放慢追名逐利的脚步，慢慢欣赏人生真正的美景，体会人生之旅的真义与精彩。

朋友，人生路上请快快走，莫为虚幻繁华而停留；

朋友，人生路上请慢慢走，把人生真义悟透。

那句话，触动我的心灵

肖佳纯

夜幕四合，我低着头，匆匆走在补习的路上。步履匆忙，转个弯就看到了老师家的楼梯。楼梯口前有一片空地，足球在孩子们的脚上弹起又落下。我皱了皱眉头，生怕走过去时足球刚好砸过来。于是我的脚步加快了。

避过了“危险地带”，在离转角三四米处时，突然一个响亮的童声响起：“你好！”你好？我疑惑地偏过头，脚步却依然向前走，只是放慢了速度。映入眼帘的是一个抱着足球的小男孩，大大的眼睛明亮有神，在夜色中竟如湖水般清澈。有意思的是，他竟然对我笑，微微咧起的嘴角似是害羞，原来那句“你好”是对我说的！刹那间心灵深处的某根弦像被触动了一样，心里充满了温暖的感觉。

风儿轻轻地荡漾在我微笑的脸上，我开心地笑了，也说了声“你好”，就转进了楼梯。行走在楼道上的我竟然兴奋得如同孩子得到了糖果一般，心里美滋滋的。走到三楼转弯时，抬头看到老伯站在走廊上。老伯我见过几次，每天这个时间段，老伯总会站在那里。但前几次的见面我都只是低着头匆匆走过。脚步声使老伯的脸转了过来，我抬起头正好对上他的眼睛，是一张面无表情的脸。我愣了一下，突然一句响亮的“您好”从我口中脱口而出。声音在空荡荡的楼道里显得异常响亮，连我自己也被吓了一跳。我边走边瞄了老伯一眼，没反应！

天啊！我怎么就那么大胆啊？会不会把我当成精神病人啊……我

的心“怦怦”直跳，但转念一想，不管了，反正都说出去了。

好奇怪，那天整个晚上我的心情都很愉快，夏日里特有的沉闷竟全都消失不见。

第二天傍晚又去老师家补习，我心情异常愉快，甚至有点儿希望那个小男孩儿还会出现在那里。但楼梯口空无一人，只远远看到了那位老伯。好尴尬！一楼、二楼、三楼，正当我准备用飞的速度穿过楼道时，耳边传来老伯亲切的声音：“你好啊！小朋友，是来补习吗？”我愣在那里，盯着老伯和蔼的面容好久。那声音仿佛穿过胸膛，一遍又一遍地触动我心灵的最柔软处，带给我温暖和感动，像弹奏着的乐曲。

一句“你好”，包含着尊重、关心，传递着人性的真、善、美，我的心灵受到了深深的触动，我是如此真切地感受到了温暖，并把这份温暖传递给其他人。我越来越相信，温暖是可以传递的。

心有春光

李光鑫

胡马嘶鸣，汉旗翻雪。彤云又吐，一竿残阳。

我是戍守边域的兵卒，在茫茫黄沙的孤垒荒壁听胡笳哀怨、羌笛凄婉，看大漠孤烟、长河落日。驼铃悠悠，那是我颤动的心弦拨划岁岁年年后的袅袅余音；寂寞沙洲，那是我思乡的朔风横扫年年岁岁后的荒原。思归？胡不归！君子于役，不知其期啊！

昔我往矣，杨柳依依；今我来思，雨雪霏霏。魂度关山，我的神思行于鸿雁之前；梦回乡音，那是山温水软间的盈盈一笑，倾国倾城。

然而，追忆却仅能在子夜，任凭十里秦淮莫愁湖如何温婉清丽，可眼前狼烟沙场，枪林箭雨，又怎能心有旁骛？戎马，不为功成名扬，但为山河笑江山明；颠沛，不为高官厚禄，只愿天下平家国安。这是我奉行的信仰，是我激流险滩前无畏无惧、寒刃箭矢中勇往直前的道理，是我平履生死间的那一层薄冰的勇气，是在无数绝境和萧条中辉照我心的春光。

春光，在瀚海阑干之中如此渺茫，而于我心，却如此真实和强烈！

或许，它源于家国之思。天地春如海，男儿国是家。我有一腔热血，愿以血涂饰西北图腾，浇灌中原大地的灿烂春花。茵茵碧草愿以血守卫朗朗乾坤，亿万子民愿以血祭献泱泱盛世。创开元，帝国是百姓的春朝，是我心中永恒的春光，不灭的希望。

或许，它源于故土。吴侬软语，浅斟轻唱，杳杳华街，蒙蒙朝雨。而归去守候家人，即是神魂的皈依。漂泊几何，征战几度，便是伤痕累累，体无完肤，也要维系这片安静祥和，也要那阡陌间唯有鸡犬相闻而非兵乱马嘶。家，是心停息的港湾，是我心中永不消散的韶光，是我心中的一片春光。

或许，它还源于仁人志士的不息奋斗，同行战友的众志成城；来源于黄泉碧落中永不磨灭的浩然正气。我心有的春光，朗照了心湖，明亮了心壑，让朝夕的磨难成为砥砺，让不尽的煎熬化为人生的风景。

如果我藏于亭堠，埋于古丘，那么我就日日登上烽火台，目尽千里，看长天净如洗，流沙寂如空。

我心有的无限春光，明媚而刚毅，那是坚毅与顽强，勇敢与无畏，希望与祝福，忠贞与高洁。

春光，是战士的心旌，千古传唱。

春光，是我生命的意义，永恒的信仰。

如果可以的话

山　彬

啊，又下雨了。

又是一个秋天下雨的清晨，从家里往外面望，只有昏沉的路灯半眯着眼，打着微微能透过早上薄雾的淡黄色的光，除此以外，四下里似乎只有黑乎乎一片。

此时，比我更早起床的妈妈已经开始忙碌了，站在厨房里背对着我在水池洗碗，时钟"嘀嗒嘀嗒"，像是在数着时间，所有有关这样的词语，度日如年或数秒度日，都夸大了个人感官，强烈地渲染着急躁或烦恼的情绪，当一秒又一秒被定格为"过去"，当妈妈曾经鲜活而年轻的面容被岁月无情掠夺而去，妈妈都不曾抱怨过一句。

所以我想，如果可以的话，我想要一粒青春的不老药，让妈妈已变得灰白的发丝重新乌黑发亮，让她放弃"瓶瓶罐罐"的生活，不用修饰也可以容光焕发，让她日夜操劳而爬上皱纹的脸，恢复成照片上和爸爸站在一起笑时的年轻容貌，但是，有没有这种药呢？

上学的时间到了，我下了楼，看见楼下告示栏里白纸黑字书写的讣告，我想，这位去世的老人应当是含着幸福的笑去的天堂吧！有这样孝顺的儿女，老人应当会很开心吧，可是地上的人想起天上的亲人该怎么办呢？应该怎样，才能让天上的人也不寂寞呢？

所以，就希望有一只来往于天堂和人间的信鸽也很好，地上的人把贴满代表思念的粉色的心寄出去，天上的人再把写有"我在天上看着你呢！”的信寄回，信鸽成了孤独的人的依托，地上的人可以在信上捎一朵鲜花或附一张近照，天上的人应该会有假期吧，快放假了，也让信鸽捎句话：“我这周末来看你。”如果真的有它，我也要拜托他向我的外婆问声好，对她说：“外婆，我想念你。”

……

还有路边骨瘦如柴的阿猫阿狗，我想帮你贴张“寻人启事”，找一找丢失的同伴，还有在教室角落的垃圾筒，你多大了？你有多久没洗澡了？我要帮丢了棒子的扫把安上假肢，我要帮垂下脸的高粱重拾信心，我要让清泉潺潺永不停息，我要……

就这样走在被雨水冲刷过的，飘着泥土味的街道，小小的心里突然塞满了无数大大小小的梦想与幻想，在我们希望与愿欲深处隐藏着对青春的默识，如同种在雪下的静静梦想。

或许，真的有那么一天，二十岁模样的妈妈站在邮箱旁边，看信鸽带外婆的祝福飞来……

预约的阳光

曹小文

因为建筑物的遮挡，我家冬日的阳台，只有在午后将近两个钟头的时间能够晒到太阳。

太阳终于从前一栋高楼的屋顶上冒出了小半边脸，阳光像一挂瀑布似的奔泻过来。在这挂瀑流中，粒粒细小的尘埃清晰可见，它们或悬浮不动，或缓慢上升，或悠悠而降。那些夹杂在尘埃中的绒丝，居然折射出令人不可思议的七彩，仿佛是有灵性的生命。我想，一定是太阳在遥不可及的地方念着魔咒让它们这样的。这时的阳台已经变得光亮无比，墙壁的反射光开始晃眼，似乎已经能够感受到某种热度。我眯着眼睛看墙壁，斑点、裂纹清晰可见。我疑惑自己看花眼了：平时看起来雪白的墙壁怎么会有斑点、裂纹呢？揉揉眼仔细一看，墙壁上真是布满了不少的灰尘、污渍和裂纹，然后才恍然大悟：这就是真正的万事怕见阳光啊——一丁点儿污渍和裂纹都不放过，都可以照出来，让它们现出“原形”——这就是阳光的秉性。

太阳的脸终于变圆了，充满温和的神情，像一位慈祥的长者用睿智的目光望着你。我庆幸自己守候到这难得的奢侈品。庆幸之余，反过来一想：不对，只要是晴天，太阳每天都曾光顾我的阳台，即使只有两个小时，它也从不失信。其实，阳光是永远忠诚而守信的，不守信的恰恰是我们人类，包括我自己。每个人敢拍着胸脯说，我从没有失信于人吗？试想，天下之大，有哪个人能像太阳一样如此执着，如此守信？

坐下来，翻开书。阳光从一盆金边莲的叶片间穿过，一缕一缕的，像一条一条的金色绸带，轻轻地滑落到我的书页上，斑驳而很有质感。在阳光下，我轻轻翻动书页，那书页上的文字像一个个小人儿似的翩翩起舞，似乎能从书页上跳进我的眼眸里。这时的书页就像是舞台，而我是最忠诚的观众，陶醉在文字的意境和阳光的温柔之中。

这样不知不觉地陶醉，竟然真的“醉倒”了——醒来才知道，我半靠着椅子睡着了，而且足足睡了二十分钟。一阵凉风吹来，让我清醒了许多。没想到竟然在惬意和舒适中失去了“知觉”。人处在惬意和舒适中神经最容易被麻痹，那么人生呢，处在得意时，一定要保持高度警惕；否则，越是“得意”越容易“忘形”。我在心里暗暗提醒自己。

再次翻开书页，已不记得读过的内容。茫然间抬头看见阳台上的金边莲——去年严冬过后，我家阳台上唯一的幸存物——其他的花草早已化作泥土，只有它经过严冬和酷暑之后，依旧茁壮。金边莲属龙舌兰科植物，叶片边缘呈黄色。现在太阳照着它，它显得更加耀眼，真正地镶上了一道金边儿。它叶片厚实，样子拙笨，但极为耐旱，十分好养。去年冬天，南方遭遇五十年不遇的冰冻灾害，我家阳台上其他的花草几乎在一个雪夜里都被冻死了，它也被冻坏了多数叶片，样子可怜兮兮的，当时我以为它必死无疑，放在阳台上没去管它。没想到春天里它的中心部位又生出嫩芽来，我用小刀小心地割掉它冻坏的叶片，它又茁壮生长起来，叶片竟然比以前更加粗壮厚实。

没想到生命越是拙朴低贱，却越是生机盎然。但我敢肯定，是阳光的滋润让它生命力勃发。在冬天最寒冷的时候，金边莲总是在想：再挺过一天，阳光就会来到。正是这份守候阳光的意志让它奇迹般地存活下来。一个人如果像它那样，学会守候生命中的阳光，即使遇到再难过的坎儿，终将会跨过去的，而阳光肯定会如约而至。预约阳光，守候希望，则生生不息。难道不是吗？

骊歌

袁月华

不知道具体是哪一天，酒柜上多了一个金色的花瓶。

后来，妈妈买回十九朵玫瑰，插在花瓶里，倒入半瓶水后就再也没有管过它。

那时正是寒假，由于春节的缘故很少在家，白天走亲访友，晚上回家也累得不行，倒在床上就可以立刻睡着。

空荡荡的房子里只有那一抹抹红色在跳跃着。但一个星期后，我才注意到它。

“边缘的几朵都枯萎了。”我一边给它浇水一边抱怨着，“多可惜。”

“可是，中间的那朵还活着。”妈妈淡然地笑。

的确，正中的那朵还像刚买回时那样新鲜，尽管它比其他花更小，但它仍然怒放着，努力地活着，尽全力吸收着养分。

我的心为之一动。

在后来的几天里，我都会注意到中间的那朵玫瑰，也会按时给花瓶续水。很多天过去了，又有新的花枯萎，但中间的那朵仍然坚强地微笑着，甚至连花瓣都极少落下来。

可是，随着越来越多其他花的凋零，我不得不考虑将这束花扔掉。当我的手触到它们的时候，只微微的一动，中间的那朵玫瑰的花瓣就齐刷刷地、一片不留地掉落了！只剩下金色的花蕊。

从买它回家到决定扔掉它，过了十九天。

而玫瑰买回家正常花期是十二天。

也就是说，它挺过了七天。

“其实不必惊讶，人也是一样的。”妈妈俯下身，在我耳边说。

不，我不是惊讶，我是感动。被自然界中普遍的生存方式打动。

为了争取活下来的机会，它努力地占据着自己的位置，直至生命的最后一刻，它仍然保持着最美的姿势，这就是“笑到最后”吗？

在现在的社会里，这种竞争无处不在。有的人可以坚持一刻，但不可以保持；有的人徒有雄心壮志，在困难面前总是自我安慰，再找理由将它永远遗漏在历史中；有的人在经历过一次打击后，后悔万分，开始认真反省，但只有三分钟热度……

殊途同归。他们站在起点。

还有的人，没有优越的环境，也没有过人的天赋，他们只能在夹缝中求生存，就像中间的那朵玫瑰一样，努力地、辛苦地活着。壮志不轻灭，最后成为花王。

要经历过梦想，才能到达现实。

要用很多泪水，去换取一瞬的微笑。

要一步一步跌跌撞撞地向前，才能用伤痕累累的身体托起属于自己的勋章。

要衣衫褴褛很多年，才能披上包裹我们的温暖外衣。

忽然想起小学时的我。

从二年级到五年级，四年的时间练习写作，却直到五年级快结束时才得了奖，然后和班主任一起，去北京领奖。

当镜头的焦点对准我的那一刻，不是没有紧张。四年前那个羞怯的小孩，捧着奖杯，在心里不断地对自己说，站稳了，站稳了。

当时的我一定是笑着的。

可微笑的背后，是一张泪流满面的脸。

也曾经因为没有写作素材而暗暗哭泣，在最没有防备的时候，悲伤悄悄地渗进张开的毛孔，传遍全身的细胞。

也曾经想过放手。

也曾经渴望窗外的自由。

很多年后，我长大了。再回过头来看现在的我，会不会笑出声呢?

那时的我也许会变得坚强。工作替代了上课，下午茶替代了纯净水。不会再觉得试卷堆里的时光是一生中最黑暗的日子。

虽然辛苦，但仍然要活着，痛苦，但坚决地。

沿路会有不同的风景。

虚伪的，仇恨的，辛酸的，残忍的，冷漠的，虚荣的，浮华的。

真实的，感恩的，快乐的，善良的，温暖的，朴实的，永恒的。

成长骊歌。

选择千锤百炼

王晓伟

我想这张纸是幸运的，因为它只不过是一张普通平凡的作文纸而已，对它的质量标准的要求不需太高，这也就使得它无须经历像书本、宣纸那样的深层加工，无须忍受百般的煎熬。但这同时又使得它的命运变得不幸，它的外表晦暗而无光泽，粗糙而又单薄。它无法像宣纸一样承载美丽的山水风景，亦不能如书纸一样永远地传承文化的精髓。

这里面其实是两种生存的方式。选择安逸，就同时选择了平庸；选择苦难，也同时选择了辉煌。生而为人，我以为我们是幸运的，因为选择的权利常常就握在我们自己的手中。

石灰经历了千锤万凿，烈火焚烧方能将自身的清白永留人间；一颗石子经历了在激流中的数十年的冲击才能被打磨成一块滑亮的鹅卵石；雏鹰经历了折断翅膀的苦痛才练就出了高飞长空的翅膀；金子经历了烈火的煅烧，才能成为纯金。世间的事物向我们诠释了磨难的力量，它们的辉煌是磨难与苦痛最好的回报。

我不得不说人好像一个未被打磨的玉，你本身是有那么点儿价值的，但是，如果你只甘心如此，后面的精彩你就会错过。是的，你毕竟可以平凡得像这一张作文纸，被时间的潮水浸湿然后消释。就这样，过完自己的一生。但是，我也说过，人类是有选择权利的，你完全可以把你的这块半成品打磨成具有更高价值的产品。要知道，其中可能会赋予它极高的价值，而这价值的等价物就是你经历的艰辛和付出。一千克的铁，用作废品只值几元钱，用作机械零件可值几百元，制作指南针可值几万元，制作手表的表针可值几十万元。而你的那块玉究竟有多少价值，在于你的选择。

短暂的痛苦对于美好的理想算得了什么？一时的欢乐与实现理想的满足又怎么能相比？咽了一分苦，收获一分甜，是成功者的选择。

在这里，我需要重申一点：平凡并不是错。诚然世上需要像纸一样平凡却有价值的人，但是不得不承认这样平凡的人现实中已经足够足够多了。所以，如果你要超出寻常人，就需要选择千锤百炼，选择磨炼，之后使自己的价值得到提升。

稻 草 人

陈 婷

那是什么?

谁在乎呢。

在太阳的照耀下，他显得悲哀而又无力。他刚抖落一身的露水，要迎接充满希望的一天。不知何时，他被插在了那里，然后，他就注定在那儿一辈子，他以为人们对他充满感激，但现在的他却备受打击。

他的破草帽歪斜着，全身都是纠结杂乱的稻草，笔直地站着，毫不马虎，看日出月落，天晴天雨，看脚下的地由绿变金，这就是他的幸福。单纯地存在着，单纯地付出着，却也被单纯看待——哦，谁在乎他呢？他不过是个日晒雨淋的普通稻草人，他能怎么样呢?

他知道他很笨，他只有稻草，没有会思考的脑袋。会有顽皮的小孩儿扯他的身体，他歪斜怪异地站着，最终，变得干瘪而丑陋不堪了，也就再也没有顽皮小孩儿和他玩了。他觉得寂寞，他想到自己刚来到这片土地上时，是多么年轻有力，他生机勃勃地冲着风"唰唰"地呼喊，愉快地看着小孩惊奇地望着他，用胆怯的小手飞快地抚摸他，他"簌簌"地大笑起来。他保护着这片绿色的地，他自豪着，他驱逐那些恼人的动物，很悉心地照料他的朋友。

连续几天没落雨了，他干渴得快燃着了。身上散发一股干燥的气味，掺杂了阳光的味道、大地的味道、空气的味道和从他身上发出的一种奇异的味道。他看见一只猫优雅从容地从他视线中走过。他不认识这个动物，但它真是美好，它有自由。它只看了他一眼，眼神慵懒而高傲。这真是美好，他喜欢这种自由，他没有的自由。但他知道自己的宿命，他很乐观，知道自己有十分重大的责任，这责任令他倍感骄傲。

夏季的雨猛然来临，剧烈而又狂妄，打在他的身上，猝不及防。他张开双臂已经那么久了，现在也微微有些酸痛。看着在雨水拍打下快乐摇摆着的朋友，心想，这场雨过后没多久，朋友们也该长大了。哦，现在的他们真是精神饱满，显得如此可爱，他衷心地为朋友们感到高兴。

他每天都无聊地驱赶着一些可恶的动物，余下的空暇时间里就开始自言自语。他很想认识那个他不认识的动物，和它打个招呼，问问它叫什么名字。他在想为什么那群孩子再也没有来找他玩，他不知道自己现在已经变得又老又丑了，只是觉得现在已经没有精力去吵闹了。

有两个小孩走过。

“看！那是什么？”

“谁在乎呢，怪丑的。”

只是他自己没有听见。

终于有一天，农夫向他走来，宣告他完成了任务，粗鲁地将他丢到一旁：“也不晓得怎么弄成这个样子，还不如丢了。”

他倒在一旁，眼前瞬时就黑了。

当一个人时

徐思贤

一个人，容易使我联想到孤单的滋味。当风吹柳岸时，一个人驻足在湖畔，扬起的裙角竟毫无预演地翩翩起舞，仿佛在跳一曲孤独的华尔兹，不停地旋转、起伏……

当一个人时，孤单并不只是唯一的主角。每一个人的空间中还弥漫着另一些期许的惬意，它们会在无形中驱逐掉心中的怪念头，取而代之的是自己那心驰神往的想念。

当一个人时，我们会卸下坚强的外壳，露出那颗也曾有过伤怀的心，想想在记忆里流淌的一些人，一些事。这是沉默的时刻，也是夜深人静时最真切的时刻。

我们曾一度固执地认为，风过无痕，然而，真的就没有留下一点儿痕迹吗？不是的，其实，很多事不是我们想忘记就能忘记的，它们已成为我们生命的一部分，无法割舍的一部分，想它们已成为一种习惯了，只是我们不曾轻易流露罢了。

当一个人时，我们更多的是想想人生的远景，想想属于我们的这一段人生，祈祷着一些美好的降临。当然，我们或许苦于目前的一些境遇，生活索然无味，平淡无奇，似乎总是少了点儿什么，就如叔本华说的，我们很少想我们所拥有的，却总是想自己缺失的。我们的心把自己束缚住了，阻碍了我们本该有的激情与挑战。心灵，是它自己的殿堂，它可成为地狱的天堂，也可成为天堂的地狱。这段箴言，我们真的应该铭记于心。

每天，我们该腾出些许时间来引导自己思考什么是勇气与幸福，什么是平安与力量，每天跟自己谈些需要感谢的事情，这样，我们的心灵就会快乐欢畅，不致懈怠。

当一个人时，我们又时常会惦记身边的亲情、友情、爱情。我们会思索，是否在今天的生活之旅中，为人间留下了一点儿赞美的温馨、友好的痕迹呢？是否让身边的每一个人体会到了幸福、自由、真爱和成功呢？这是一颗会感恩的心灵所要探寻的，这是一个善用天赋的人所要思考的，这是一个渴望被肯定的人所要学习的……

情感总盘踞于理智之上，很多时候，我们的行为并不受理智的支配，而会被情感牵引，这一点，我们不得不承认。

一个人，并不是一个单一的符号，同时伴随着的还有一个别样精彩的内心世界，它保留着关于最初的一切理智、梦想与方向，从未更改过。

幸　福

吴　佳

儿时的我们，常从滑梯上一滑而下，滑梯的另一端是父母温暖而柔和的怀抱迎接我们，这些简简单单的动作，便会让我们感到幸福。

也许那时，我们并不知道什么是幸福，但心头的莫名的滋味却让我们眷恋。我们也不会去追问我为何有这种奇妙的感觉，仿佛从出生开始，幸福感便轻轻沁入我们小而玲珑的心灵。

而现在我们却忘却了幸福。社会上的种种诱惑使我们越来越不容易满足，便越来越不会感到幸福。曾经的田园漫步，曾经的鸡鸣桑田、狗吠深巷，曾经的山涧清泉都被不满足所吞噬，幸福感也随之被侵蚀得小之又小。

幸福，其实很简单。一个人如果永不满足，就不会感到幸福。一个人如果不会给予爱与接受爱也不会感到幸福，只有不会过多地要求，懂得付出爱的人才能触摸到幸福。

曾经看到一家卖甜甜圈饼干的商店门口挂了这样一个招牌："乐观者和悲观者之间的差别十分微妙。乐观者看到的是甜甜圈，而悲观者看到的是甜甜圈中间的洞。"其实这短短的几行字便揭示了幸福的真谛，如果对生活求全责备永不满足，那就不会有幸福。那个看到甜甜圈而满足的人，必定能够幸福地享受甜甜圈的美妙滋味，而那个看见洞而不满足的人，便永远不会尝到甜甜圈真正的滋味。

懂得让自己幸福的人不仅懂得满足，而且还懂得付出和接受爱。

幸福是一棵树，只有爱才能使它枝繁叶茂；幸福是一朵花，只有爱才能使它开得千娇百媚。

一个母亲的幸福，是经历痛苦孕育崭新的生命。每一个母亲，在痛苦之后，第一件事是看看她那爱情的结晶。在那双充溢着母爱的眼睛里，我们也读出了幸福。一个老师的幸福，是多年后，走在街上，曾经教育过的学生能亲切地叫道："老师，真的是您啊！"那种绝妙的滋味真是难以用言语表达。

不要再哀叹自己不幸福，那是你不去争取幸福。幸福者，正如孟子说的"非挟泰山以超北海之类也"，乃"折枝之类也"。懂得满足，不要吝惜你的爱，敞开你的心扉，你就会幸福，就会别有一番滋味在心头。

生活的满意

李云清

生活就像一幕精心布置的话剧，投入了艰辛的心血与细致的精力也只为了博取观者满意的喝彩；生活也像一鼎熔炼时间的硕大熔炉，煎熬了岁月的容颜与丰硕的体魄也只为了练就令人满意的价值；生活更像一缕缕萦绕着上升的轻渺的炊烟，燃烧了青春的炽热与年少的赤诚，也只为了升华满意的内涵。

满意的生活，其实只缘于你对生活的知足。岁月倥偬而残忍地切割着回忆与现在的界限，而人的欲望却也剧烈地膨胀着冲击满意与知足的边界，失却了阳光的灿烂而滋生蔓延的贪婪，就像黑夜疯狂地笼罩与张狂的凶恶，也彻底把满意才有的乐趣击得支离破碎。

前不久乘车回家，路途遥远而时光漫长，看着窗外形形色色的路人倏忽而过，顿时又觉抓在手里的时间如细沙般正在点滴流逝，越是想要抓紧却越是流失得迅速而剧烈。我不禁开始埋怨生活，埋怨时间的仓促与冷漠。可是上帝给予大家的，还是地球自转一周二十四小时的公平时光。于是有的人乐观而满意地惜时如金，把生活粉饰得美丽而又充实；但有的人却抱怨倏忽而过的岁月，将生活视为一场失败的战争，把曾经记认过的人和事，埋葬其中，活得痛苦与压抑。

车窗外，吆喝的小贩与行人，各自都在为着生存而忙碌奔波，尽管各自都曾经历过不堪重负的往事，但他们却依旧为着生活的努力而感到满意。满意日出而作、日落而息的悠然，满意回家后丈夫的温存与孩子的微笑，满意拥有着犹如花香般沁人心脾的亲情，满意尽管生活处处充满着挫折却依旧坚强不屈的决心……其实人的生命还真犹如花朵的绽放，但旅途的路人莫要凭空慨叹花朵之美，毕竟绽放的背后，美得辛苦。

曾经在车里听到过两个妇人埋怨，埋怨家庭的窘迫与贫乏，埋怨生活的偏私与不公。可在下车的时候，却看到一个乞丐为路人施舍的一块钱而满意的微笑。这就是不同的心境对生活测量尺度的迥异。有时候达致满意的标度不一定要金山银山，不一定要名誉权力，有时候，淡淡的微笑或悉心的问候，抑或是觉悟的回瞬，也足以令人快乐无比。但现实中，有的人一生抓住的却只是些看起来庞大而本质上无关紧要的东西；遗失的，总是无从弥补的部分。因为它形态微小，或本身就并不可见，比如抱怨成长而失去青春，追求金钱而失去快乐，角逐名利而失去自由……所以人应当忍于世俗的诱惑，活得像河流一般绵延而深情。静静穿过悲伤的茫茫原野，欣悦的深深山谷，穿过生命中那些漫无止境的孤独和寒冷，并且为自己一路以来的坚持幸福而满意地微笑。

即使人生的道路曲折而悠长，即使此去的旅途复杂而多变，但只要我们始终坚持了最纯真的生活与最遥远的梦想，用简单的笔画勾勒出生命绵延的轨迹，就会切心体会到原来最纯朴的知足才是最满意的生活。

冬天里的使命

代金尚

如果说生命是一座庄严的城堡，是一株苍茂的大树，是一只飞翔的海鸟；那么，使命就是那穹顶的梁柱，就是那深扎的树根，就是那扇动的翅膀。没有使命，生命的动力便荡然无存；没有使命，生命的美丽便杳然西去。

冬天的使命是屈子“虽九死其犹未悔”的顽石，是“三吏”“三别”的悲苦，是文天祥“人生自古谁无死，留取丹心照汗青”的倔强，是苏轼“荣辱不惊，看庭前花开花落”的豁达。

站在历史的海岸漫溯那一道历史沟渠，楚大夫沉吟泽畔，九死不悔；魏武帝扬鞭东指，壮心不已；陶渊明立于悠然南山，饮酒采菊……纵然谄媚污蔑视听，也不随波逐流，这是他们冬天里的使命；纵然马革裹尸，魂归狼烟，也不改弦易辙，这是对使命的执着；纵然一身清苦，终日难饱，也愿怡然自乐，躬耕垄亩，这是高雅的使命。他们执着地在冬天里苦苦追寻，终成其盖世伟业和千古文章。

冬天里的使命是需要我们用心血铸就，用生命守望的。阵阵狂沙，吹开她的神秘，摔镜疾走，巾帼不让须眉，带着她的使命走向大漠深处。牧羊老人独自在冬天里守望，浩瀚的沙漠留下他的足迹，丝绸之路记载下他的坚韧，他完成伟大的使命。生命的伟大在于完成自己的使命，即使用一生去守护，用生命去捍卫。

冬天里的使命传说着美丽的神话，需要我们付出自己的生命。

“摘下我的翅膀，给你飞翔”这是张米亚老师的使命，倒塌的房屋压不住他强大的心灵，生命的美丽让他变得永恒，他完成了自己的使命，成了神话。冬天里的使命让你我为之动容。

冬天是寒冷的，是艰难的。在冬天里要完成自己的使命是不容易的。它需要我们伟大的意志，伟大的灵魂，而人之美在于完成自己的使命。当完成使命的那一瞬，冬天不再寒冷，冬天不再艰难。

我们还剩下什么

因为有了精神文化，第欧根尼敢于在亚历山大大帝的威严之下说出“不要挡住我的阳光”，丘吉尔“宁愿失去五十个印度也不能失去一个莎士比亚”，亨利·克莱因反对美国蓄奴制而五次参选总统失败，墓上刻着“在我看来，地不分南北，人不分东西……”

在当今物欲横流的时代，我们不应当只看到灯红酒绿，而要看到那些“剩下的东西”，只有永不忽略精神文化，我们才能拥有不败的力量。

无心插柳柳成荫

刘伊柔

近年来，越来越多的明星热心于公益事业，在付出的同时，他们也收获了许多。香港艺人刘德华就是其中之一，他长期致力于公益事业，从而获得了在残奥会上演唱主题歌的机会。

这样的例子还有很多。彭丽媛曾与一个患艾滋病的小男孩儿拍过一个公益广告，刚开始，由于人们的长期疏远，小男孩儿表情冷漠。彭丽媛为了让小男孩儿放下戒备心理，毫不犹豫地抱起了他。那一刻，小男孩儿的脸上写满了惊异也写满了幸福。拍摄顺利完成。这只是一个善意的拥抱，却融化了长久冻结在男孩儿心中的坚冰。

其实，一个小小的善意的举措，可以改变很多。而当无数个善意的行为聚集在一起时，每个人脸上的笑容将会绽放如花，世界也将成为我们温暖的家。

也许，公交车只要多等一分钟就会有许多人上班不迟到；也许，电梯慢关一分钟就能让疲惫的人们早些到家……

一分钟不会让我们损失什么，但许多人却因为这一分钟而更加快乐。许多“也许”只是许多不起眼的善意行为，但带给我们的是无心的方便、愉悦。这大概就是“赠人玫瑰，手有余香”吧！

《三字经》上说“人之初，性本善”，善心本是每个人的天性中所带有的，但在市场经济下不少的人为了某种私人目的而去发“善”心，做“善”事，蒙着一层功利的纸，又怎么看清什么才是困境中的人所真正需要的呢？一边付出极少，一边又想着得到幸福的回报，最后结果只能是“赔了夫人又折兵”。

正所谓“有心栽花花不开，无心插柳柳成荫”。让我们抛开功利的眼镜，用善良的心去为他人做好每一件事！请相信，善意的行为总会收到意想不到的效果。

向日葵的姿态

王雯祥

有没有一朵向日葵害怕阳光，当其他向日葵昂头挺胸迎着太阳时，它却弯腰低头四处躲藏，只有温柔的月光出来时，才努力绽放？

有没有一种人会舍弃浮华，当其他人向着辉煌大步向前时，他却转身向北一路离去，只有当他找到属于自己守望的土地，才执着于胜败？

“沉默的姿态，守望的姿态。”如果真是如此，那么，无论是昂头挺胸的向日葵抑或弯腰低头的向日葵，都应该有它们的守望吧，我一直坚信着人也应当是这样。

所以，无论是选择寂寞或是辉煌，都是他们守望的姿态。

仲尼、司马迁、陶潜，他们选择了寂寞，但寂寞又成就了他们的辉煌，那是因为他们在寂寞中依旧有所守望，他们守望着理想，守望着一个大国的崛起，守望着一种文人的胸怀。

而世界美术史上的奇才达·芬奇，却因辉煌而寂寞终生。也许是对美的过分执着，又或许是出于艺术家的独特气质，他孤独一人直到离开的那一刻，甚至连最后的骨骸都未能被保全，散乱在乱尸之中。

向日葵的姿态，是孤独的守望？或是辉煌的历程？

喜欢朴树这个歌手，更多的并不是因为他为数不多的音乐专辑，而是因为他那种独特的低调气质，在当代歌坛炒作如此火热的状况下，他依然本着“不拍广告，不接受采访，不出席任何商业活动”的原则，唱着吉他弦间扫过的音符，在歌坛默默地一路走来。在音乐上，他是寂寞的，没有金牌制作人，没有商业操作的专辑发布会，但他却又是辉煌的，他有一位爱他的妻子，有一群一直爱他的歌迷，还有一个了解他的公司和一群师兄师妹。

我想寂寞与辉煌不过是人这一生中两种模糊不清的、似有若无的阶段吧，又或者是一个人不同阶段所具有的两种态度。总之，似乎是不能用一个条件把他们区分开了。

其实，月亮的光也是太阳的光芒。无论我们是面朝太阳或是月亮，那只不过是一种理想的假托，选择光辉或是寂寞也不过是一种追求的姿态而已。

我们还剩下什么

曹若涵

在享受着优裕的物质生活的同时，我们也应询问自己：除了这些，我们还剩下什么？

一个国家，一个民族，它能够在历史的坐标中占据一个怎样的位置，并不取决于它拥有多少土地和国民，或是军队与武器，而是取决于它的精神文化。财富可以被用尽，军队可以被消灭，唯精神文化永不衰竭。

时间长河浩浩汤汤，席卷着历史的断壁残垣，最终呈现给人们的是最纯净、最本质的东西——精神文化。1967年，“追寻自由的理想主义者”切·格瓦拉于玻利维亚英勇就义，死时年仅三十九岁。他的一生都在斗争着，不仅仅为了自己，而是为了全人类的自由。切·格瓦拉不仅是古巴革命的引导者，也是人类追求精神自由的先驱。“让我们面对现实，让我们忠于理想”是他长久以来践行的人生信条。伟人的身影已然逝去，但他却战胜了时间，留下了一个永不磨灭的精神印记，一种深远悠长的文化财富。切·格瓦拉也理所当然成为当今世界流行文化的符号，成为国家与民族的荣耀。

人的伟大与高贵，究其根源，也是由于其拥有独特的精神文化。或许有人会问：什么才算是高贵？其实，只需一个简单的故事即可诠释高贵的真正含义：在18世纪的英国，英王爱德华到贫民窟视察，来到一座破败不堪的房子前。房里住着一位一贫如洗、风烛残年的老太太。国王礼貌地站在腐朽的木门前，抬手敲了敲门，轻声问道：“请问我可以进来吗？”只一句问候，却显示出了强大的精神文化之力量，这才是高贵的真谛所在。

因为有了精神文化，第欧根尼敢于在亚历山大大帝的威严之下说出“不要挡住我的阳光”，丘吉尔“宁愿失去五十个印度也不能失去一个莎士比亚”，亨利·克莱因反对美国蓄奴制而五次参选总统失败，墓上刻着“在我看来，地不分南北，人不分东西……”

在当今物欲横流的时代，我们不应当只看到灯红酒绿，而要看到那些“剩下的东西”，只有永不忽略精神文化，我们才能拥有不败的力量。

为自己喝彩

黄琳娜

伟人，处处是歌功颂德；明星，时时有镁光闪烁。那么更多名不见经传的芸芸众生呢？谁来为他们喝彩？他们又该不该得到喝彩呢？

“世上没有两片相同的树叶”，更没有两个一模一样的人。我们每个人都是独一无二的个体，当时光流逝，当我们湮没于岁月的烟尘，我们曾经的音容笑貌不可重现，我们曾经的智慧灵机不可再拾。我们每个人的生命都秉天地灵气日月精华而成，我们的每一步即使不曾在典籍上留下足迹，也曾在历史中真正地踏过——面对这样独特的自己，为什么我们不能喝彩？

当我们为人子女，对于父母，我们是他们的掌中明珠，我们延续他们的生命和未竟的梦想，我们是他们的涅槃。失去了我们，世上再无一物可以填补他们心中的空白，对于他们，我们是宇宙中最重要的存在，我们的一颦一笑牵动他们每一根心弦——面对这样被珍爱的自己，我们为什么不能喝彩？

当我们为人伴侣，我们是另一个人生命中注定的另一半弧，我们是另一个人的慰藉与扶持，我们会陪伴另一个人共行人生的千里风尘。失去了我们，他们便是风雨飘摇中断了弦的琴，每一声都是泣血的哀唤悲鸣——面对这样被挚爱的自己，我们为什么不能喝彩？

当我们为人父母，我们引渡另一些生命来到这个世界，我们哺育他们，引导他们，我们是他们的天与地。他们的哭泣唯有我们才可抚慰，他们的第一次欢笑第一声学语第一次迈步唯有我们耳闻目睹。失去了我们，他们的童年便失去了庇佑的大树与引导的灯塔，他们的余生便在“子欲养而亲不待”的痛憾中永不圆满。面对这样被敬爱的自己，我们为什么不能喝彩？

为自己喝彩，不是妄自尊大，更不是阿Q精神，其实，生在历史的夹缝里，挤在时代的洪流中，谁能一肩担尽古今愁？我们为自己喝彩，所歌颂的并不是什么丰功伟业，而是生命的美丽、尊严与爱。所以，请为你自己喝彩！

“比”之气

叶俊彪

如今这年头，什么都得拿出来比比才叫人安心。家庭主妇商场购物，总要货比三家才心里踏实；三朋四友相聚重逢，也不免互相比较一番收入及境遇；学生们没事比比吃穿，教授们没事也喜欢比人短长，菲薄一番。殊不知这“比”字拆开，便化成匕首两把，一人胸前一把，结果双双呜呼哀哉，命丧黄泉了。

“比”这东西，有时实在可怕。当年晏婴“二桃杀三士”，便是借着“比”的威力：桃只有两个，人却有仨，咋办？一人说，俺杀过老虎，于是吃了一个；另一人说，咱家斩蛟救过大王，于是也吃了一个；第三人怒道，我攻城略地，守卫边疆，却连个桃也吃不上，于是气得自我了断。那二人见状，后悔不已，也忙自我了断。无独有偶，相传战国时有两个勇士，想比较谁更勇敢，于是二人坐下你一刀我一刀互相割对方肉吃，结果谁都不服谁，直到二人气断身亡为止。这充分说明了“比”会衍生出另一种东西——气。有的人比出了负气，于是气死自己；有人比出了傲气，于是目空一切，妄自尊大，终埋葬自己；有人比出了妄自菲薄，于是丧失勇气，自沉湖底；还有人比出了怒气，虽然干掉了对方，同时也干掉了自己。于是乎满眼“比比皆是”，“比比皆死”，痛哉！尝闻文人相轻相鄙，皆因文人相“比”故也。

黑格尔曾云：“同一物质常常有惊人的对立面。”“比”不只会衍生出负气、傲气、怒气、丧气，也会锤炼出勇气、志气、骨气、正气。两军对垒，狭路相逢勇者胜，这勇者是靠比拼赢得的。同行人生路上，志存千里者多笑到最后，这笑者是靠一腔志气支撑的。生逢挫折困顿，铁骨铮铮者方成中流砥柱，依仗的正是那硬骨头精神。时代风起云涌时，正义在胸者方显出高风亮节而名垂青史，依仗的正是那气吞山河的正气。

为人不要去逃避比较。没有比较哪来进步？中国之所以百年屈辱，就是因为起初闭关不愿跟别人比，到后来鸦片战争，不得不与人比，却最终发现自己是落后的，落后必定挨打。

“比”之气，犹如生火起烟，是同时出现，也是必然出现的。我们应避开负气、傲气、怒气、丧气，坦然去比，释然去比，比出勇气、比出志气、比出骨气、比出正气。

哲人苏格拉底有言：“运伟大之思者，行伟大之路途。”人生路漫漫，请慎用、善用“比”这根人生的拐杖！

栖身高处是悠然

赵 晨

“人生到处知何似？恰似飞鸿踏雪泥。”尘世的人在流转的岁月中奔波于生计，如同一只飞鸟在密林中穿行。而当它经历了风雨沧桑，倦了，累了，停在枝头，望着满目绿意，才蓦然发现，栖身高处是悠然。

栖身高处，是智者的选择。因为高处的风景没了低处的凡尘纷扰，让人一览无余；也因没了尘芥的喧杂，让人更觉神清气爽。于是，一种悠然便油然而生。可以“看万山红遍，层林尽染”，去拥有一种大气与广阔的胸襟；更可以“会当凌绝顶，一览众山小”，用豪情将心中的畏惧与烦忧掩盖。或许王安石便因此道出了他的坚定：“不畏浮云遮望眼，只缘身在最高层。”他的一生便是如此——将自己的高瞻远瞩与自信、才华一并展现给世人，告诉人们：站得高，望得远。而望远的悠然也只有站在高处才能发挥得淋漓尽致，才能让人领悟“栖身高处是悠然”。

栖身高处，更是一种生活的艺术。平凡的忙碌的众人只是埋头于琐碎的生活，为功名走遍了天涯路，却忘记了抬头，忘记了登高去俯瞰大地与自我。而只有圣哲们才懂得须出乎其外，静观其变。两千多年前的孔子登东山而小鲁，登泰山而小天下，用睿智的双眼洞察人间，将其乐观的人生理想、温和的学术主张与深刻的人道情怀布洒人间，也让自己的心灵在儒学中净化、升华，让灵魂悠然栖息于云间。而庄子，也是如鲲鹏般扶摇而上九万里，摆脱尘世的羁绊，超然物外，去感受高处的悠然。

一直赞佩黄山松的生存哲学，生长在高处，尽管要受更多风霜的侵袭，却也因此有了更高的高度俯视怪石云海，观览群山起伏。就如同李乐薇将小屋建在山尖，去反省自身，俯察生活，愉悦身心。栖身高处，带给他人与自我的是真真切切的悠然。

而有些人，即使身处低尘，即使遭千锤万打，即使被吹到命运的风口浪尖，却依然可以将心、将本性放在高处。他们的悠然是“行到水穷处，坐看云起时”，是“小舟从此逝，江海寄余生”，是“登东皋以舒啸，临清流而赋诗”，是陋室中的那一缕琴音书香……这样的宠辱皆忘是栖身高处的悠然，是一种豁朗与洒脱。

也许有人说：“高处不胜寒。”然而“人间四月芳菲尽，山寺桃花始盛开”。最美的风景往往在高处，尤其当人们无法慰藉疲惫的心灵的时候。所以，在红尘中，请择一高枝栖身，用高处的悠然观望花开花落、云卷云舒，感悟风起风落、潮涨潮退，去静观人间尘埃落定……

生命的养分

沈慕尧

如果把人口和疆土比作国家的躯体，那么精神文化便赋予这庞大躯体以生命。精神文化的繁荣，会使国家焕发蓬勃生机；而它的凋敝，却会使国家一蹶不振。而滋养这生命的养分，便是丰富多彩的文化产品。

综观中华五千年文化，孔孟老庄的恢宏深邃、秦汉《史记》的博大气象、魏晋书画的飞扬神采、隋唐诗歌的登峰造极……它们所迸发的智慧之光，曾一度使中华文化光照四邻。丰富多彩的文化产品源源不断地为民族精神输送着养分，使整个国家拥有了强大的生命力，进而拥有了几乎能左右世界的影响力。而直面当今的中国，文化现状令我们汗颜：2005年中国共进口图书六千余种，而出口图书仅二十六种，其中的多数还是出口到东南亚一些文化不太发达的地区。这让我不禁想起撒切尔夫人20世纪的断言："中国不会称霸世界，因为它缺少一种能够影响世界的文化。"我在这样的断言之前愤怒，然而却又黯然语塞，中国出口的是上亿台电视机而不是电视机中的文化，我在沉默中感到深深的悲哀和忧虑。

然而，面对中国图书出口萎靡的现状，你是否会产生一丝疑惑？因为在国内，我们看到的是文化产品的巨大繁荣，文化市场利益的一路攀升。按理说，在如此多的文化产品的养分滋养下，文化应焕发出强大的生命力才对，为什么却适得其反呢？可这是怎样的"养分"啊！当下图书界抄袭之风盛行，浮躁的少年作家频出，在利益高于道义的环境下，又有几个人能安下心来著书立说呢？于是，新书越来越多，然而尽是瘦身菜谱、职场秘籍、电视剧剧本、Q版语文……文化在华丽的文化垃圾的堆积下显示出虚假的繁荣，而真正的养分却悄然流失了。

那么，如果滋养精神文化生命的养分不是表面看到的繁多的文化产品，又是什么呢？对比古今我们不难发现，真正支撑生命的养分不是文化产品的量，而是质。而这“质”便是文化的原创性，具有创造力的文化产品才能给精神文化生命注入真正的活力。“吉祥三宝”等的流行，显示了原创歌曲的强大力量，让那些动听却来自抄袭的歌曲顿时黯然失色。

国家的生命在于精神文化，而精神文化需要的是有创造力的文化产品的滋养。古人创造了灿烂的中华文化，而继往开来的将是当代青年！

说“风度”

郑宇琛

风度，不仅仅是美好的举止和姿态，更是因具有高尚的道德情操而在言行中表现出的一种风姿与魅力，它是铁骨铮铮的勇士凝结于眉宇间的那股气，是善意的微笑带给人的如阳光般的温暖。

由“壮志饥餐胡虏肉，笑谈渴饮匈奴血”中，我们看到了一位爱国将领的大将风度。

一句“为中华之崛起而读书”，十二岁的周恩来语出惊人，让我们看到了他的风度，也看到了中华民族的希望。

泰坦尼克号即将沉没之际，男士们将妇女、孩子首先送上救生艇，将生的机会留给别人，在他们身上，我们看到了生与死之际的绅士风度。

“9 · 11事件”发生之时，世贸大楼中一位男士弯腰帮慌乱中掉了眼镜的另一位先生捡起眼镜，为对方争取了宝贵的时间，最终助他得以生还。危难关头一个小小的举动，让我们看到了那位男士的沉稳与风度。

歌手丛飞在生命的最后一刻，仍牵挂着那些叫他“爸爸”的贫困地区的孩子们；白血病女孩在得到社会捐助后，发起“一块钱”行动，尽力帮助更多需要帮助的人，以此回馈社会对她的关爱……从他们身上，我们看到了善良与感恩，看到了他们真正的风度。

风度，并不浮于表面。外表的光鲜亮丽可称“风姿”，却无法等同于“风度”。风度源自内心，是深入骨髓的、流淌于血液中的美好品质的外在表现，它不需要任何刻意的修饰，便自然流露。如果一个人的心灵是丑陋的，那么，即便他穿绫罗戴绸缎，打扮得再美丽，也无法让人感受到任何风度；缺乏内涵、欲盖弥彰的修饰，反而会让人心生憎恶。

据报道，一位身患癌症的老人乘公共汽车去医院检查，此时，车上座位已坐满，售票员见老人脸色苍白，身体虚弱，便发动乘客为其让座。可是，直到老人拿出病历卡，苦苦哀求二十多分钟后，才有一个到站的中年男子让出座位。事后，老人无奈地向媒体倾诉，比病魔更让她心寒的，是这个社会的冷漠。那些身体健康、穿着时尚的年轻人，面对这样一个病弱的老人却无动于衷，他们的道德何在？良心何安？风度何存？

风度，伴随着品质、精神而存在。只有具备美好的情操与充实的灵魂，才会处处显露自身的风度。

在欣赏他人风度的同时，我们更应着力培养自己的风度。生活在当今这个时代，我们并不需要战场杀敌或是干出什么惊天动地的创举，在平凡的岗位上做好自己的工作，在日常行为中守住自己做人的原则，在别人有难时热情地伸出援助之手……相信这些看似平常的举动，会为你赢得不俗的风度。

心归何处

许 洋

唐诗宋词的墨香里，还氤氲着他们的无奈与彷徨；元曲羌笛的音韵里，尚弥漫着他们的叹息与感伤。他们或曾想扬鞭策马河山万里建功业，但终究归隐南山陶醉一方小山水。他们终将心归何处？我回溯历史的长河，走进山林的深处，以期能撩开他们——隐士——扑朔的面纱。

隐者似乎多给人一种神秘感。他们就像《论语》中神龙见首不见尾的荷蓧丈人，或是从孔子身边匆匆走过的接舆，再或是那位“只在此山中，云深不知处”的童子之师。萧萧竹林里，他们饮酒品茗，说文论经，枕藉林中不问世事。滢滢碧水间，他们敝衣芒鞋，迤逦而行，徜徉水泽无论晨昏。既然身居山野，其心将归何处？这似乎是个多余的问题。伯夷、叔齐早就回答过了：“登彼西山兮，采其薇矣。”孟浩然回答过了：“待到重阳日，还来就菊花。”林逋回答过了：“疏影横斜水清浅，暗香浮动月黄昏。”青山绿水，清风朗月，当是心的最好归属。

可是，读了柳永之后，心里又有了犹疑。才华横溢的柳永是不得志的。当他吟着“忍把浮名，换了浅斟低唱”的时候，心中一定是苦涩矛盾的，白天歌楼中短暂的欢颜是禁不住冗长寂寞的夜晚消磨的，一鹤冲天的凌云壮志渐渐成了无法企及的幻想，“奉旨填词柳三变”中流露的尽是无奈与彷徨。其后的宗炳说得一针见血：“若使值见信之主，岂其放情江海，取逸丘樊？”当他十年寒窗学得的文武艺无法“货于帝王家”时，他只能消弭去早年的志向，只能无奈地转身。家乡回不去了，山林待不住了，他选择了在秦楼楚馆中让酒香迷醉自己。“心归何处？”他幽幽一问。回答他的不是竹林萧萧，不是松涛阵阵，有的只是红尘滚滚，是市井的喧闹。繁华的钱塘终成了柳永心灵的归属地，烟柳画桥旁，市井闾巷间，柳永踽踽独行。

说隐士，不能不提到孔明。他是不是个真正的隐士呢？看其所居之地：“苍天似圆盖，大地似棋盘。”农夫用质朴的歌声唱着，田园的气息弥漫着，那南阳卧龙岗确实是个世外桃源。听其所吟之歌：“大梦谁先觉？平生我自知。草堂春睡足，窗外日迟迟。”卧龙先生似乎真是个悠闲自得、逍遥于尘世之外的隐士。但很快，隆中一对，对出了他的雄才大略；三把大火，烧出了他的惊世功业，由此，他的一生命运彻底改变了，他为了辅佐蜀汉政权，鞠躬尽瘁，死而后已。与垂钓渭水的姜尚、隐居东山的谢安颇为类似，孔明是人在江湖，心驰魏阙。当沧海横流之际，生灵涂炭之时，他义不容辞地走到了时代的风口浪尖，实现了自己的人生理想。孔明，隐之大者也！

古人有言：“小隐隐于野，中隐隐于市，大隐隐于朝。”至此，答案似乎已经呼之欲出了：小隐之心归于山野，中隐之心盘桓市井，大隐之心系于家国。

气　象

张　舒

泱泱古国的灵魂里，流着一条古老而芬芳的河流。这条河流的上空，蒸腾起整个社会的气象。

“《诗》三百，一言以蔽之，曰‘思无邪’！”推开锦绣之门，是蔚蓝的天空下醉人的旋律在流淌。“窈窕淑女，君子好逑”是对意中人辗转反侧的思慕；“昔我往矣，杨柳依依；今我来思，雨雪霏霏”是征战的士兵思恋故土的悲怆情怀；“投我以木桃，报之以琼瑶”是青年男女约会时的浪漫景象；“青青子衿，悠悠我心”是苦等情人的女子不能如愿的牵念……西周末年是动荡的，又是极为单纯的。还未完全开化的人们在蓝天碧水之间倾吐着纯粹的思想。因为未经雕琢，所以愈加动人。那些小牢骚、小缠绵，化为珠玑，千年后读来，依然唇齿留香。单纯而充满来自本能的自由，这是《诗经》的气象，也是西周的气象。

余光中说过：“墨水的上游是汨罗江。”浪漫主义如一朵绚丽的花，妖娆绽放在汨罗江畔。峨冠博带的屈子沉痛行吟，两行清泪洗涤了心灵。“举世皆浊我独清，众人皆醉我独醒。”他是第一个真正意义上醒来的诗人，但面对黑暗的时局又无能为力。他早已沉睡在千年前溢满粽香的江底，但他清醒的思想却永世留存。昏暗中的一缕微光，蒙昧中少数人的觉醒，这是楚辞的气象，也是战国的社会图景。

当然，除了华彩的诗文，也有暗无天日的时刻。秦王焚书坑儒，“管弦呕哑，多于市人之言语。”当时的文坛，可谓一片冷寂。秦朝的文学晦暗无光，人们的内心世界无从展现，萎靡的气象致使秦王朝二世而亡。

时光兜兜转转，旖旎地驻在三国。本来，金戈铁马、英雄辈出的年代不应出现斐然文采、华美辞章。但是就是这么奇妙，最好战的将军也是最有文采的文人。曹家父子淋漓的墨迹之间，是君王的野心，是庶民的血泪。“山不厌高，水不厌深。周公吐哺，天下归心。”“父母且不顾，何言子与妻！名编壮士籍，不得中顾私。捐躯赴国难，视死忽如归。”未来的皇室不会顾及小情小爱，只是为了野心而愈渐冷漠。“本是同根生，相煎何太急”之后顾念手足的恻隐之心，也只不过是一抹黯淡的边缘点缀。三国绮丽的文学，都是君王的主题。艳美、冷漠，却动人心魄。三国的时代气象，也大约如此。

硝烟散尽，歌舞升平。诗仙、诗圣、诗佛、诗鬼一时竟出。李白“绣口一吐，就半个盛唐”的谪仙风范，千年不遇。李白活在盛世年代，所以诗歌清新俊逸，雄奇潇洒。诗圣的悲凉来自没落的中唐，刀光剑影、民不聊生，衰颓的气象深深影响了诗人的创作。泪水淹没了微笑，白发覆盖了青丝。“戎马关山北，凭轩涕泗流。”时代的底色渐渐暗去，诗歌的气象也由明丽走向悲凉。

若让我挑选最美的时代，那自然是宋了。兼容并包的年代，豪放与婉约二分天下。这边是“执手相看泪眼”，那边就有“大江东去”。微笑的小楼剪影后，就有銮铃响处，醉里挑灯。那完美的融合，只有宋可以做到。宋的富裕开放，决定了宋人烟阜盛、思想蓬勃的气象，宋词也因此有了多元的精彩。

元曲抖去了过于艳丽的辞藻之纱，完全展现了市民生活。晶莹泪光换成嬉笑怒骂，阳春白雪亦可成为下里巴人。在清朝，《红楼梦》后几十回的散失，使它成了中国文学史上的维纳斯女神。贾府再怎么名动一方，“白玉为堂金作马”，最后也不过是树倒猢狲散，“落得个白茫茫大地真干净”。曹雪芹一支锐笔，划开了封建社会的腐败皮囊。表面上是如花美眷、似水流年，末了却是曲终人散、凄凉收场。清朝大厦将倾的面貌，融入当时的作品中，成了文坛气象中抹不掉的一笔。

文学决定于时代的特点，也折射了时代的风华。文人之笔，可以奏出时代的最强音。古往今来的朝代兴衰，都能在当时的作品中找到影子。文学的气象，便是整个社会的气象。

没有理由不珍惜祖先留给我们的这些瑰丽的方块字，因为我们可以在那字里行间，找到思想勃发的出口，看到社会前进的源泉。

姿　态

杜晓婕

当我们在现实的泥淖中举步维艰，当我们在效率至上的时代奔波追逐，当我们在城市高楼大厦的森林俯首疾行，有多久了？我们丧失了生命中那最美的姿态：那本应有的潇洒淡泊、安宁闲适、自信乐观。

或许，我们应该以云一般的姿态生活。无论在高耸的山巅，在曲折的海滨，在辽阔的草原，在熙攘的大街，清隽无言、安宁闲适都是云永恒的姿态。云由微风放牧，幻化飘移。看云，让我们情不自禁地自人间种种难以理清的纠葛中游离出来，不悲不喜。许多抓紧的、执着的、无可释放的怨憎伤痛也在此刻淡了，远了，松了，舒展了，抚平了，消失了，浮躁的心就此平静闲适下来。正是云悠闲宁静的姿态，让我们在浮华中固守一份闲适天真的心情，在世俗的浊流中坚守澄澈的心灵。

行走，亦是一种美丽的姿态。行走在路上，能邂逅美丽的风景，最重要的是邂逅自己的梦想。在印度十二年一次的浴佛节，成千上万的人从各个地方徒步行走而来，在四十多度的炎炎烈日下摩肩接踵，来到恒河边，感受对生命的敬畏。行走过那么多艰难的路，其实只为了去向他人的梦想致敬，给自己更多的梦和爱的勇气。行走让我们勇敢，让我们邂逅自己的梦想。当梦想成为生命中不可或缺的一部分，行走于梦想之中，蓦然回首，便能发现，其实梦想本身不是目的，在追逐梦想的路上，我们会真正佩服自己。行走的姿态正是让我们在越过千山万水后学会欣赏自己，学会被自己梦想的厚重感动。

看着宁静闲适的云，行走在未知的路上，本身就是一道美丽的风景。倘若再以自信的姿态昂首前行，大抵就达到了绝美的境界。绝对超然的自信姿态缘于从自我中寻求自信的信念。耶鲁大学曾有一位菲律宾同学的自我介绍使人印象深刻，他以平和的语调回顾了菲律宾作为殖民地的那段不光彩的历史，坚定地说："没有人可以因为我以外的东西贬低我，没有人可以因为我的国家、我的家乡、我的贫穷来轻视我。"客观而又冷静地描述，绝对的自信，让他获得了所有人的尊重。自信的姿态是相信平等，相信自己的姿态，让我们长久坚定地将目光转向自己，乐观旷达地开辟昏暗未知的前方。

生命中，存在着许许多多不同的姿态，或悲或喜，或高涨或低沉，但总有一些美丽的姿态让我们的生活充满爱与阳光，让心灵的苗圃永远春色满园。

虽然，天地不仁，草木无情，宇宙浩瀚荒寒，人类生命永远只是电光石火的瞬间存在，但当渺小的人类以最美的姿态去看待天地洪荒时，世界终会亮起温暖美丽的光芒。

儒　　者

谭镇林

子曰："岁寒，然后知松柏之后凋也。"

他独自在家中鼓瑟，指尖流泻出淡雅的琴声。今天，是鲁军向大臣发放祭肉的日子。而天将暮，依旧没听到远方君王的马蹄声。他不停地鼓瑟，遮不住眉间透出的失望。黄昏的最后一刻，一官吏到，赐玉玦。他望向天边，暮色将最后一缕阳光收尽。

玦者，诀别也。

黑暗是悠长而寂静的，只闻内室札札机杼声。孔丘知道，离开已不再是自己的决定，而是鲁君以及那权倾朝野的重臣的决定。

他是清雅豁达的谦谦君子，如深山寂岭中的空谷幽兰一般，高洁脱俗。偏偏生不逢时，那一个浑浊混乱的世界，天下的人都迷醉了。而他，义无反顾地选择成为那一个众人皆醉我独醒的人，独自承受无能为力的痛苦。

眼睁睁地看着鲁国变得"君不君，臣不臣"。

天将明，窗外是淅淅沥沥的小雨，淋湿了满腔离愁。他独自一人驾着马车，踏碎了清晨的沉寂。泥泞中冒雨前行，突闻身后有马蹄声，子路率众人相随，说："夫子，我们跟你一起走。"

这也许就是他的幸运，亦是他的宿命。真正明白他的，是他的门人弟子。他们是他最后的曙光，注定要将他的梦想传承到未来。

天下大和。

骤雨将歇，前方是漫漫长路无止境，他没有意识到，真正的磨难也才刚刚拉开帷幕。

既然选择醒着，就要经受痛苦。他颠沛流离，四处讲学。他有圣人的气度，却狼狈得如同一只丧家之犬。在陈国边境的大柏树下，为新收的弟子讲着他的梦。有官兵赶来，与弟子冲突，“把他们赶出陈国去！”逐客令又有何妨。天下之大，处处为家。他依旧面不改色，“……君子有九思，视思明，听思聪，色思温，貌思恭，言思忠，事思敬，疑思问，忿思难，见得思义……”

从陈国走出，他坐在车上。四处都是风刀霜剑严相逼，根本没有他的立足之处。要放弃吗？倘若放弃，等待他的又将会是什么？还继续吗？永远看不到终点的羁旅生涯，和越来越遥不可及的梦想。真的值得吗？那个在心里想象了无数次的社会，君明臣贤，父慈子孝，真的会在未来的某一天来到吗？

路过楚地，楚人哀怨的歌声遥远地传来，“凤兮凤兮，何德之衰，往者不可见，来者犹可追。已而已而，今之从政者殆而……”他迷茫了，四周的黑暗似乎更加浓烈，梦想的光芒越来越微弱，压得他喘不过气来，但依旧无法放弃他内心的执念和心中的光芒。

一把破琴，一曲《幽兰操》，一群孤单而心怀梦想的背井离乡的流浪汉，一群骨子里散发着如兰如竹气息的温雅君子，一群天生的儒者……他是兰，是只为王者而开的兰，是无人赏而自芳的兰，是与杂草为伍却不甘平凡的兰……

“兰之猗猗，扬扬其香。众香拱之，幽幽其芳……雪霜茂茂，蕾蕾于冬。君子守之，子孙之昌。”

时光如白驹过隙，萧萧落叶又不知黄过第几个年头。双鬓已斑白，年过古稀。这动荡不安的社会，到处是刀光剑影，死亡如影随形，他的心却从未动摇。

直到鲁国使者拿来了一枚玉环，说：“国危也，请夫子速归。”

“环者，归还也。”

正值春日，一路烟霞，草长莺飞。纷飞的柳絮中望见故乡漫漶的轮廓。弟子们唱着欢快的歌，马蹄飞扬，归心似箭。终于，他又一次跪于城下，望着高耸的城墙，泪水漫过他不再年轻的面庞。梦想的起始，有太多的辛酸、牵挂和那如潮水般蔓延的乡愁。

“鲁国，我的父母之邦。”

他师从苌弘、师襄、老聃，而他终究自己成了诲人不倦的师者。他门人三千，贤者七十二人。终其一生，也未能实现他的梦想，但他种下了希望的种子。

孔子归，举国欢腾。弟子三千，门庭若市。

胸　怀

卞　波

选择幸福并不可耻，可是只图自己幸福是可耻的。

——卡缪

林肯——胸怀国家的伟人

南北战争，一场本可以让美国走向深渊的战争却在这位伟人手中变为了经济腾飞的开始，成为一个超级大国崛起的标志。一个民族在危难关头需要英雄，呼唤英雄，而林肯正是怀着对于国家无比热爱的心站了出来，他甚至用生命的代价去换取统一。站在葛底斯堡的演讲台上，短短的几分钟却丝毫不影响他演讲的成功。一个胸怀国家的伟人，一个站在常人所无法企及的高度瞻望国家未来兴衰荣辱的伟人，美利坚人民将永远铭记他。

阿拉法特——胸怀民族和平的战士

他走了，我们再也看不到那位为和平而操劳一生的老人。那天，巴基斯坦人哭了，整个阿拉伯民族，甚至于整个世界都为失去他而感到惋惜。作为一位领导人，即便他没有实现自己的诺言——为巴以带来和平，但我们却固执地坚持认为他成功了，胸怀着对巴以和平的憧憬，他劳心劳力了五十年，他用尽各种方法去争取和平，然而现实却不尽如人意，但他却从未屈服，即便沙龙的坦克将他包围。他是一位令对手都为之钦佩的伟人，并不仅仅因为他有多么杰出的政治才能，更多的是他胸怀的那种对和平的渴望，对犹太、阿拉伯民族和平共处的期盼。每每巴以之间又生争端时，总会想起他的那句诺言："我是带着橄榄枝和自由战士的枪来到这里，请不要让橄榄枝从我手中滑落。"

反法西斯同盟——胸怀全世界的最坚强的联盟

9月2日，很普通的一天，然而六十三年前的那天任凭历史如何涤荡也依然清晰，一次伟大的战争胜利了。当不列颠空战将伦敦炸得面目全非时，当法国只剩下四十万人撤退时，当苏联用两千万条生命换取了和平，我无法想象他们当时的信心源自何处，我无法得知是什么让他们舍弃生命，回首看看法西斯的罪行，我似乎又寻得了答案，他们胸怀着全人类的幸福，所以他们有着不可摧毁的力量。我们无法细数那场战争中的英雄，但那场战争却让我们看到了人类最善良的一面，为他人而奉献、牺牲的胸怀。

如果有机会我一定要去林肯纪念碑，去阿拉法特墓地，去莫斯科红场。我要踏上那一片土地去真切地感受他们博大的胸怀、不屈的精神，我要为他们献上一束花，以表示我最崇高的敬意。我还要对他们说：胸怀天下的人，天下人亦永远不会遗忘他们。

青铜之爱

常 达

滚滚长江东逝水，浪花淘尽英雄，是非成败转头空，青山依旧在，几度夕阳红。

一壶浊酒喜相逢

帐中一灯如豆。隋文帝正奋笔疾书，痛斥后主二十条罪状。“我为天下百姓父母，岂可为长江的限制分隔南北！”帐外的砂风刺骨而寒冷，却似乎带来一股烈酒的气息。这烈酒没有什么芬芳的香味，只有一派力，一股劲，能让人重新唤醒远古的青铜色的灵魂，召回北魏勇猛剽悍性情的遗风，激起在残忍和苦难中成长的浓厚与沉着。当北方驰骋沙场的勇士回到故土，他们是否也会捧起一碗酒，为当年的誓言而感叹，为浴血奋斗的战友深深祝福？

乱世需要孔子、庄子那样的智者，他们能拯救世道和人心；然而乱世也需要刘裕、谢玄那样的将领，他们抛弃了优雅的玄学、清谈，在修罗场中不惜血战，只是为了百姓最渴望的和平与安定的生活，一笑泯恩仇，他们看透了生和死，穿越了时间与空间。

一壶浊酒喜相逢，古今多少事，都付笑谈中……

欲将心事付瑶琴

夕阳落下，余霞满天，如燃烧的幕布悬挂天际。不远处的山峦，在夕照下更凸现出神秘静谧的美。岳飞静静地擦拭倚在墙边的枪戟，眼神渐渐凝聚。就在前日，满怀希望的他等到的却又是帝都传来的班师圣旨！那些沉重的战枪在夕阳映照下泛着冷冷的金属光泽，游离不定。它们本该被提上战场，去餐胡虏肉，饮匈奴血，实现自己的抱负！“直捣黄龙府，与诸君痛饮耳！”前日对将士们的誓言仍萦绕耳际，可如今，真的要化为泡影吗？

一国之君，本该有席卷天下、包举宇内、囊括四海之意，并吞八荒之心。可古往今来，又有多少志士为此抱恨终生。南宋辛弃疾，自幼立志报国，暮年回首，却只留下“可怜白发生”的惆怅；一代文豪苏轼，人们习惯他“小舟从此逝，江海寄余生”的淡然出尘，又有多少人了解他“西北望，射天狼”的强烈愿望？爱恨如潮，一番家国梦破，只剩江湖寥落，无处招归舟。而明日天涯路远，空负绝世奇才的他们，以后只能羁旅一生罢。

欲将心事付瑶琴，知音少，弦断有谁听？

一事伤心君落魄

楚卫国大将军、御殿月将军、殇阳之征的主帅……白毅对于从军之人而言，似乎已经是一个神话。他百战百胜的赫赫战功，缜密周全的布阵方略，令最负盛名的战将和智将都为之叹服。就连他的敌人也称赞道：“白毅是军中之王！”

然而，他却是那么的落寞。

他是九州这个乱世篇章中少有的洒脱磊落的人，在年轻的时候，他的理想不过是和朋友们纵酒高歌，浪迹天涯，随着乱世帷幕的缓缓揭开，他的肩上担起了更多的责任，他的身影也更加孤独。“北辰之神，风履之驷；其驾临兮，光绝日月！”在这种万人敬仰的光环下，白毅似乎成了一个不可接近的人，并且成就越大，束缚越深。而他的心，在这种孤独、凄寂却无人倾诉的环境下，愈加清越出尘，笑傲世间。

平定乱世，需要的是狮子般的霸气，以及雷霆开山的力量；治理天下，需要的是王道，怀柔，致远。而作为一名统领三军的大将，需要的则是淡定与从容，是大军压境时，我自岿然不动的定力。白毅为人有一种林下风，处事也自有一股兰草般的清扬，而非一般的俗人可比。身处乱世却能坦然面之，他有一颗安静勇敢的心。

一事伤心君落魄，两鬓飘萧未遇。身世恨，谁共语?

我并非谱写一曲乱世之歌，现在不会，将来也不会。战事频繁，带给百姓的永远只是流离与苦难。然而，有破才有立，我是如此真心地崇敬那些戎马一生、纵横寰宇的猛士。若不是他们的推动，王侯卿相只不过是历史这个大棋盘中无用的棋子；若不是这场轰轰烈烈的青铜之爱——富贵又何为？权势又何为？失去了热血与赤诚的召唤，再强大的民族，也不过换得山河永寂，百年孤独。

江水横波东逝百年一梦连
御剑凌云封旧尘泪洒山海间
风云千变盛世何现铸剑问苍天
华夏千年尸骸铺就自以龙魂荐轩辕

文人的魔力

杨宇琳

如果你想了解魏晋，那就去聆听阮籍的饮泣，它流淌着魏晋风骨的呢喃；如果你想了解盛唐，那就去聆听李白的高歌，它宣告了盛唐气象的博大；如果你想了解大清，那就去聆听曹雪的絮语，它倾诉了没落王朝的无奈。

竹叶林中吟风弄月，躲离了万丈红尘。世事若海，浮沉难料。也许只有在文人的感召下，点点滴滴才能转化我们的心，使我们更广大、更深刻、更能看见自己的卑微与渺小。每次内化过后就会发现自己更纯粹的内在。

当峨冠博带早已零落成泥，一杆竹管笔偶尔涂画的诗文，也能镌刻山河，雕镂人心。诗文使人陶醉，犹如在痛快淋漓的风景里，采撷风的轻盈和水的清凉。

文人，建构了中华儿女特立独行的风骨。魏晋狂狷的名士，日出时怀风而行，日落时采月而返。耿直的文人，酒醉、痛哭；酒醒、饮泣。纵使时人的不解将你淹没似洪水，你如雷的呐喊和正直的品格却回响在每一代人的血液里；大唐王朝的遗风，柳宗元跨过千年飘然孑立，青衫灰暗，神色孤伤。面南而坐的帝王，不时阴惨一笑，御笔一画，笔尖遥指柳州这座宏大无比的天然监狱，如雨的马蹄踏乱你一切的骄傲与善良。谁料，你挖了井，办了学，种了树，修了庙，放了奴，让中国文化史拥有了《永州八记》和那么多高峰性的构建。在你的岁月里，中华儿女不是任何统治者手中的棋子，而是凭着自己博爱与清醒的人格营筑了一个可人的小天地。

文人的品性呵护着我们走过漫天的泥泞与荒凉，滋润着我们哪怕苦涩而艰难的日子，帮助我们度过相濡以沫的人生。

文人，壮美了辽阔的大好河山。你是否，在黄昏的江船上仰望过白帝城，顶着浓烈的秋霜登临过黄鹤楼？你是否，在冗长的梦境中梦到过滕王阁？你又是否，披着热烈的朝霞拜访过寒山寺？正是因为文人的召唤，你的脚步才会去踏遍那些充满诗意的旧地。余秋雨说：“对于这些城、这些楼、这些寺，寻找它们的焦渴，简直像对失落的故乡的寻找。”

于是，文人的魔力竟然能把偌大一个世界的生僻角落变成人人心中的故乡。高山流水从此都有了脾性，有了神韵，一个古色古香的美丽中国在人们心头自行搭建。

是谁把千年的爱恨情仇，镌刻得荡气回肠？是谁站在阡陌之上，远见卓识，自在逍遥？是谁把烟雨江南、大漠孤烟，描绘得风生水起？

乱世凡尘，只有文人在时光的刀刃上行走而毫发无伤，只有文人深陷泥淖也做无瑕美玉，只有文人给得起高山诗意的耸立，衬得上湖水温润的情怀。

人性的追寻

“为你，千千万万遍。”从第一次看见直到读完全文，心中最受震撼的就是从哈桑口中说出的这句话。书中第一次出现这句话是在斗风筝比赛中，阿米尔一生最为自己骄傲的时刻，因为他赢得了这次比赛。这句话更像一句谶语，在书中反反复复地出现，预示着某些事情将不可挽回地发生。在喀布尔城中追风筝的日子成了阿米尔心中最美最痛的回忆。

救赎，通常不是出于醒悟，而是出于对解脱的渴求，从背叛的痛苦中解脱，仍然是利己的出发点。

蝶翅身后花欲放

——读《蝶翅》有感

项煦晴

还只是立春，街道边的景色还残留着冬天的颓废，错过了早点的时间，店里只剩下我和一个孩子。这时一只蝴蝶飘了进来，落在无人的圆桌上，那个孩子眼尖发现了，舔着嘴角的奶渍，蹑手蹑脚地靠近它，突然出其不意地将空玻璃杯倒扣在桌面上，带着满脸恶作剧的表情跑了，只剩下在杯中不断挣扎的蝴蝶。杯子像一个牢，紧紧地束缚住它。这让我想起一本书，封面的一只蝴蝶，被镂空的翅膀，身后一朵含苞待放的花，仿佛一切都即将动起来，像席慕蓉的文字，像她的《蝶翅》。

我们所处的世界，到处都是框框条条，束缚着人们渴望自由的心。我们是蝴蝶，拥有薄弱到透明的翅膀和微不足道的力量，而社会是一个透明的杯子，明明能看见外面的世界，却因为一次次的受伤而胆小。但有这样一个女子呐喊着："这世界有着太多的这样那样的限制与隐秘的禁忌，所以我们能够做的，只是找一个静静的地方，让自己静静地思考，明白该如何做，从中吸取经验，吸取力量，继续坚定地前行。"这个女子便是席慕蓉。

席慕蓉是内蒙古人，她爱着内蒙古，故乡只能在回忆中捉风捕影，儿时的歌谣被修改得残破不堪，内蒙古特有的节日——那达慕大会变成了世界希望变成的模样。她说："所有最美最好的艺术品都是从人们的心里自然地生长出来的，没有任何人可以去改变去塑造的。”她找不到家，她是一个一直在流浪的女子，她的家乡不是一个地理坐标，而是一段记忆，一段受现实一遍遍冲刷，变得如同蝶翅般脆弱的记忆。这也就是为什么她在听了一段改编后的牧歌后，写下了“请你们不要碰我的牧歌”这样孩子气的话。

席慕蓉一直心疼着这片沧桑的土地，这片土地上敏感的人们。当年她身处异国他乡，听闻有人希望他们做这样一份工作：身着清朝的长袍马褂，以卑微的中国人这一形象出现，只为了给一个退休的老总管送上一份礼物，当时在场的所有中国人都愤怒了，包括记录下这一切的席慕蓉。百年国耻竟然这样被他人嘲笑和利用，像结疤的伤口再次裂开，痛觉沿着神经一次次刺激着大脑，但始作俑者却毫无知觉。他们比利时同学说：“这是你们自己心里有病。”——他认为这段历史是过去，不是现在。但席慕蓉觉得这是成见，无关时间。她说：“民族与民族之间成见真是有一道恶意的藩篱呀！”像藩篱一样长满了尖锐的刺，疼得看不清彼此。从她的情愫很清晰地看到，她热爱中国，所以即使她只是一只小小的蝴蝶，也会使出所有的力量去反驳错误的言论，像个孩子一样直率，像个战士一样勇敢。

“不肯回来的大概不只那些云彩了。”席慕蓉曾看着天写下这句话。在她的回忆中总会出现花，微笑的马樱丹，小朵灿烂开放的鸡蛋花，艳丽绚烂的杜鹃花，字与字之间仿佛真实绽放了一般。席慕蓉的童年生活总在这些花中开始，在马樱丹中体味逃课的紧张刺激，回忆与母亲一起摘花的童年。在鸡蛋花树下寻找过去的影子，回想与好友爬树的过去。席慕蓉心中那片童年的草地，那片云飘得飞快的天空，那个花丛中美丽的身影，歌声和她与姐姐的嬉戏打闹全被杜鹃花看在眼里，与杜鹃花一起花开花落。时光与记忆的关系就是你在巷口吓跑了一只猫，它飞快地逃走，在你的视野里留下一截短短的尾巴便消失了。短暂的过去和模糊的记忆，这是每个人生活中的缺陷，席慕蓉也一样，只是她更简单执着地相信自己的笔与画。

这样倔强的生命像极了席慕蓉，看过各路对于她的评价，搭成了温柔知性的形象，但是在她的文字间我却看见了一个热烈不羁的女子，脱离了原有的模样，但我总觉得这个才是真实的她。

蝶翅身后花欲放，每一秒都充满了生机和美丽。

我读《呐喊自序》

张　凯

初迈入高中大门的我，并不喜欢鲁迅先生的文字。也许是自己年轻，我喜欢那些慷慨激昂的语句，缠绵悱恻的爱情故事，富有激情与生命力的文章，却从来不青睐鲁迅先生艰深晦涩的字句。每每读起它们，心里总是很沉重，我并不否认我尊重鲁迅先生，敬佩先生，但他的深刻、睿智却令他有种拒人千里之外的感觉，像一个充满智慧的严厉的长者，永远高高在上，用冷眼书写、见证他人的人生。而他自己呢？隐去了自己的情感，遮住了自己流泪的眼、痛苦的心，只用一支尖锐的笔留下一个个难以解答的问题，他的作品中，黑暗多于光明，悲剧多于喜剧，理智多于情感，憎恶多于热爱……

于是，我怀疑：在那个紧锁着眉头，目光灼灼却冷峻的历尽沧桑的外表下，是否还存在着一颗充满爱、充满阳光、深沉有力跳动的心？

当语文课上，老师向我们展示他二十一岁时的一张照片时，我惊讶极了，读着他年轻时的诗，我沉默了：灵台无计逃神矢，风雨如磐暗故园。寄意寒星荃不察，我以我血荐轩辕。眼前看到的这个坚毅有志的青年，这个诗中句句铿锵、流露着难以抑制的爱国热情的青年竟是那个人！

此时此刻，当我变换了目光，抛弃了偏见，再重新用心读那篇《〈呐喊〉自序》时，仿佛觉得，那字字句句都是先生在倾诉衷肠，他并不是没有感情，而是将感情掩埋得太深太深，让我们体味出那深沉的感情太难罢了。我了解到他对人性以及社会深刻得近乎残酷的剖析正来源于他幼年所经历的艰难岁月，以及为父亲买药治病却依然失去父亲的沉重打击。他爱憎分明、疾恶如仇的鲜明个性得自学医救国理想的破灭，得自在日本求学时，那次偶然看到的国人麻木、可悲心态的清晰映照。从此，他的理想改变了，他清醒了，他再次为了国家，而不是自己，改变了自己人生的方向，将救国救民的重担主动地扛在了自己的肩上。难道这样的人的心中存在的不是最深的爱，这样的心灵不是最伟大的心灵吗?

"凡是愚弱的国民，即使体格如何健全，如何茁壮，也只能做毫无意义的示众的材料和看客，病死多少是不必以为不幸的。"他的语气究竟是怎样的?冷漠吗?讽刺吗?无所谓吗?不!不是的。正是因为热爱，他的语气是愤慨的；正是因为热爱，他的语气是悲痛的；正是因为热爱，他的语气是激动的!

"凡有一人的主张，得了赞和，是促其前进的，得了反对，是促其奋斗的，独有叫喊于生人中，而生人并无反应，既非赞同，也无反对，如置身毫无边际的荒原，无可措手的了，这是怎样的悲哀啊，我于是以我所感到者为寂寞。这寂寞又一天一天地长大起来，如大毒蛇，缠住了我的灵魂。"鲁迅先生就是这样，毕生与不为人所理解的寂寞、苦痛做斗争，依旧不放弃自己的理想与志向，始终为国为民呐喊，用他嘶哑的喉咙，用他沉痛的嗓音。而那寂寞与孤寂正是他主动担负起的使命所带给他的，是博爱所带给他的，是执着所带给他的。

今天，我终于理解了，他的灵柩上那三个遒劲有力的大字，是的，他当之无愧的被称作"民族魂"，他当之无愧的被称作"民族的脊梁"。

重读先生的文字，我已能够看见它们背后折射出的那个高尚的灵魂，"子规夜半犹啼血，不信东风唤不回"，那字字句句是一个人用心血浇铸而成的。

心存淡泊

——读《论语》有感

董馨淇

读《论语》，吾对淡泊尤有所感。

子曰：“不义而富且贵，于我如浮云。”由此观之：若富贵与道义相冲，孔子宁取贫贱而不害义也。颜渊，亦有超凡脱俗之淡泊之心——“一箪食、一瓢饮，在陋巷，人不堪其忧，回不改其乐。”

故，人生贵有淡泊之心。

淡泊，可修身养性。弥勒佛即为一例：“是非憎爱世偏多，仔细思量奈我何。宽却肚皮须忍辱，豁开心地任从他。若逢知己须依分，纵遇冤家也共和。若能了此心头事，自然证得六波罗。”故世间恩怨情愁、功名利禄皆为一瞬。如若将其视为浮云，即可超然于世俗，笑口常开。

淡泊者，可以明志；淡泊者，可以静心；淡泊者，亦可有成。陶渊明隐居不仕，安贫乐道，以田园稼穑为乐；诸葛亮南阳躬耕，静观时事，以博览群书为乐；钱锺书淡泊名利，甘于寂寞，以读书写作为乐。

而利欲熏心者，则唯利是图，见钱眼开。钱可得“宅院”，“家”非能得也；钱可得“纵欲”，“乐”非能得也；钱可得“谄媚”，“恭”非能得也；钱可得“伙伴”，“友”非能得也。故唯利是图非万能也。

淡泊，非不思进取，非无所作为，非无有远志。淡泊者，机遇至，善假借之；机遇失，不强求之。此乃高境界也。

若欲成淡泊者，则需不贪图富贵，不好高骛远，不急功近利，“不以物喜，不以己悲”“静以修身、俭以养德”。

淡泊，如明镜，警人于世俗之中；淡泊，如清泉，濯心于混沌之中。心存淡泊，不亦乐乎？

一片幽情冷处浓

——读《张爱玲散文全集》有感

吴小肆

无论是“镜花水月的女人”，抑或“才女”，这些称谓都敏锐地捕捉到了一个“女”字。我不是在这儿废话连篇地说笑，而是因为张爱玲所表现出的典型而又独特的女性气质，着实让人感慨万千。典型，在于她细心、敏感的女性心理；独特，是因为上下几千年中国女人缜密繁复的心思只有在张爱玲的幽幽叙述中展露无遗。

没有丁玲辛辣鞭挞的畅快，亦没有冰心古道热肠的光明，张爱玲散文起初给我的印象是幽绵、晦暗，然而又有无穷无尽值得玩味、思考的意味。她的笔墨并不多姿多彩，却又不乏意象万千、活泼多情的修辞，恰如其分地兼具着古韵之风和诗的烂漫；语言的超常组合更令人拍案叫绝，如：“噎住了阳光”“沉浮于最富色彩的经验中”“简单的心”。纵观她的散文，始终有一种无法抗拒的冷色调绵绵流淌于字里行间。换言之，一股淡淡的苍凉总是透过纸张袭上读者的心头。文章是作家的肺腑之言，作品是作家的心境。于是我不得不联想到张爱玲本人的善感、多虑。散文集的编者介绍张爱玲出生于曾经声势显赫的书香门第，家庭的衰败对她的人生有着重大的影响。曹雪芹写出举世瞩目的大悲剧，而张爱玲同样也以淡淡的悲融入自己的写作中。于是透过打着烙印的心去观察那个时代的世态人情，一切在她的笔端另生一番情景。用不咸不淡的话娓娓述说暴虐的父亲、无情的姨妈，没有抱怨之言，没有痛恨之辞，却悲从中来；战争中的非凡经历没有使张爱玲刻意去描写绝望和苦楚，而是以旁观者的姿态凉凉地讲述着战争中的人们，略带诙谐的笔墨中自有不胜的荒凉和凄惨；即使在一些艺术鉴赏文中，她也是以漫不经心的凉凉的语气否定了许多艺术作品，并我行我素地崇尚具有悲剧色彩的艺术。

我不同意称张爱玲是无病呻吟的文人。她的散文语意虽淡薄，主题虽谈不上积极，然而她从来没有虚伪地矫饰自已，而是真实地展示着自我。她欣赏日本文化，于是就写了。从这一点上说，张爱玲是坦率透明的。也许我们都误会她了。也许淡雅清冷的隽语正是表达她内心强烈感受的通途。而别人对她的误解正因为她太与众不同了。就像“春蚕到死丝方尽，蜡炬成灰泪始干”两句，既可看作眷侣之间缠绵悱恻悲悲戚戚的情意，也可以理解成舍已奉献无怨无悔的荡气回肠的倾吐。张爱玲，难道你真是个“情到深处情转薄”的谜一样的女人吗?

可可西里的哀歌

——观《可可西里》有感

吕　智

“天苍苍，

野茫茫，

风吹草低见牛羊。”

从来在我的脑海中，西部的大草原就该是这样的一幅景象，似乎这里自古就有宗教的神秘，民族的豪放和蓝天大地的壮丽。

然而在这个可可西里的无人区上，我又看到了什么？成千上万只藏羚羊的尸骨血迹斑驳，堆成零乱而粗鲁的形状，像一具具冤屈的灵魂在向苍天呐喊，向人类低吼。我看到了什么？我看到了几秒钟前还雀跃的藏羚羊顷刻间倒在盗猎者的枪口下，被活生生地剥皮，那美丽的毛皮被人类肮脏的双手所触摸，那美丽的眸子在死前定会流下两滴热泪。我不相信我所看到的，我不忍心写下这些充满着血腥的文字，我的心在滴血。

原本以为自己可以义愤填膺地将怒目投向贪婪的人类，用谴责的口吻声斥人类的暴行。但当被人们称作美丽的青山美丽的少女的可可西里将它的灰暗、贫穷、落后、闭塞、野蛮和原始揭开，当连绵起伏的壮丽的流沙像死神一般将人吞没，当盘旋着嘹亮藏歌的巍峨青山间，刮起令人窒息的风雪时，我漠然了，我的满腔激愤不知何时被深深的悲伤所取代。在这个喜怒无常，天使与魔鬼同在的自然区里，人与动物的生存同样不易，当“活着”都成为一种奢侈时，人性的本质便裸露无遗。

我看到不同的人选择了不同的路，曾经游牧的马占科一家因为草枯牛亡做起了违法的剥羊皮的生意，一张皮只能赚五块钱却使他们家老少都成了麻木不仁的刽子手，更多的人选择以贩卖羊皮为业，将这可可西里美丽的物种推向了死亡的边缘。还有像日泰那样的，抱着未曾泯灭的良心，抱着对自然无言的承诺，和他们自愿组织的巡逻小队一起揣着生命上路。

但我不想批判或歌颂什么，这也并非影片的初衷。我只是惊讶于在粗糙的自然的舞台中人性演出的真实和悲怆；惊讶于这里天性质朴而原始的人们面对死亡、血腥、痛苦时过于平静的坦然；惊讶于平静之中又无时无刻不在挣扎着的热血之情。这儿没有绝对的好人或坏人，巡逻队的成员也曾经迫于缴费而卖羊皮，而丧尽天良的马占科一家在风雪中徒步前行，在死亡之路上相继倒下的一幕也在用生命的坚持、坚韧和求生的欲望深深震动着我的心灵。人性的高贵和卑微、强大与渺小、美丽与丑陋也在这天高地远的可可西里融为一体，而这样的人才称得上完整。

就是这些并不完美的人让我感到深刻。

我不知道生活该怎样大起大落抑或是四面楚歌才能令人震撼，我们要怎样号啕大哭抑或是义愤填膺才能显示生命的波澜壮阔。在这里我只看到了：平静与沧桑深深地埋在人烟稀少的土地下，埋在藏族人们的血液里。

美丽的青山美丽的少女，可可西里告诉我们的不仅仅是保护藏羚羊。

红楼隔雨相望冷

刘海恒

很早以前看到李义山这句诗的时候就怦然心动，我想撩拨了我心弦的大概就是“红楼”二字，尽管它和那部拥有盛誉的小说无甚关系。这句诗在某种程序上刚巧可以概括我读《红楼梦》的感受——隔着二百余年的岁月审望之，像是隔了层雨帘遥望灯火飘摇的红楼，印在眼底的是那一抹忽闪忽闪的苍凉。

《红楼梦》这般说出名字闻者都该震三震的巨著，不知吸引了多少老先生焚膏继晷日夜钻研，而我不过幸离襁褓，岂敢对它指手画脚品头论足。有它陪伴的时光，便足以让我铭记。

百无聊赖的初二暑假，在尘埃最深处淘出早年书店搬迁甩卖的一套精装版《红楼梦》，自此没有任何预兆地疯狂迷恋上那些半文半白的字。尽管那个版本只是罗列异文，且印刷不精，诗词全略，字里行间掩不住的漫溢的美与才情仍让我心醉神迷。它是深山里荆钗布裙的闺秀，天生丽质难自弃。

整个初三，大大小小的语文考试中我总要在作文里扯上颦儿那一干人，哪管老师在卷头用红笔大书“离题太远”。及至中考前夕天热难当人心浮躁之时，我竟悠然地从图书馆借来一本《刘心武揭秘古本〈红楼梦〉》，一看便是没完。到现在回想那个夏天，自己在那本书里醺醺然的模样仍让我觉到，那是个美丽的沉溺的姿态。

了无生趣的高一学年，我在那个理科尖子云集的班里只字未提

《红楼梦》。周围的人让我觉得他们面孔空洞灵魂苍白，而自己则像黛玉在元春省亲时作赋，满是长袖难舞的寂寥。

难以排遣的寂寥促使我沉溺于文字世界，某次购书时竟发现初三读的《揭秘》一书中所述周汇本《八十回石头记》居然出现在书架上！倾囊抱得美书归，周汝昌先生五十六年"斥伪返本"之作字字真金，除去续作后的《石头记》终于以断臂维纳斯之美大放异彩。残缺并不美，然而美的是读者自己发散开的联想。想象作者咬牙忍泪走笔，亲手引领至爱走向幻灭，任是铁石心肠也无法波澜不惊！

俨然一场轮回，高一暑假沿荒僻小街溜达误撞进一家小书店，竟发现书柜最下层赫然是张爱玲的《红楼梦魇》。这个惊喜，又伴我度过了余下平庸的暑假尾巴。喜欢在密密麻麻的单词或公式的罅隙舒口气，捧过《红楼梦魇》听张爱玲滔滔论述那些深邃难懂的学术问题，即使不解，心头亦像有秋草伤花摇曳般清凉。这位远渡重洋的作家幽幽一叹："十年一觉迷考据，赢得红楼梦魇名。"满含着爱与凄凉，像雨中一场无绝期的遥望。

《红楼梦》似是中国文学史上一朵本该属于未来的奇葩，悠然飘落在风雨如晦的线装书里，惹人怅望。想起被我盗用为题的义山诗下联"珠箔飘灯独自归"，一如宝玉《秋窗风雨夕》拜别黛玉的怅惘，也是名著在尘世喧嚣中黯然淡出的寂寥。

我唯愿能以真心贴近《红楼梦》，品悟它岑寂而凄艳的美，不再流于肤浅地与这阅尽人事代谢的经典之作隔雨相望。

有生命就有希望

——《复活》读后感

何舒扬

直到现在我仍不相信聂赫留朵夫真正爱过喀秋莎。先前的爱，只是出于好奇心、新鲜感。他占有了她，对此也仅仅只是良心上受到一些谴责罢了；到后来，他更是为了让自己的良心安宁，才想要娶她，来“清洗自己的内心”。他甚至以为喀秋莎会因此感激他，却不知这是一种由高到低的施舍，一种骄傲的给予，不会被任何一个有自尊的人所接受——玛丝洛娃虽然并不以自己是妓女为耻，但她至少还因自己是一个犯人感到羞愧——况且爱不该是一种施舍。但是，她还是被他感化了，在流放途中“精神复活”，并决心嫁给一个同来的政治犯，开始一种完全不同的生活。精神的复活将她的心灵从风尘中解放出来，重新做一个值得人爱的纯洁的女人。

然而，聂赫留朵夫——我该怎么形容这个人？虚伪、自私、冷酷，还是勇敢、富有同情心和正义感？似乎这些只分别适合某一时期的他，而不足以概括整个的他。尤其是——他的转变太快了，参加完玛丝洛娃的案件审理回来，他就脱胎换骨成了另外一个人，快得让人觉得不可思议。这也许与托尔斯泰本人的思想转变分不开，因为作家的想法，总会通过他笔下的人物反映出来，聂赫留多夫就是他的思想的一个载体。托翁当然希望自己能够成功地转变——由一个贵族转为自食其力的平民，那么聂赫留多夫的变化之快也就不奇怪了。然而先驱者通常是孤独的、不被理解的，他们所要承受的压力也非一般的沉重。就像聂赫留朵夫那样，不仅贵族们不理解他，连农民们也都觉得他怪异，管家更要笑他傻。这就让人感到十分可悲了。但先驱者们往往都是勇敢的，只要他们认为自己做得好、做得对，就会义无反顾地走下去，不计较得失。不仅聂赫留朵夫是这样，其实那些被流放的政治犯也一样，时间会证明他们对，人民终会理解他们，“他们为了追求真理而不惜牺牲自己的自由甚至生命”。

其实不仅小说中这些人物，整个社会都在渐渐复活。对复活的渴望就像是石缝里的一颗种子，只要有阳光，有水分，它就坚定地发芽生长。不管黑暗势力多么猖獗，不管头顶的石头多么沉重，都无法阻止它长大——天终会亮的，有生命就有希望!

多一秒痛苦

吴之璇

巴尔扎克曾经说过这么一句深刻而隽永的话："不幸，是天才的晋升阶梯，信徒的洗礼之水，弱者的无底深渊。"生活中的苦痛和不幸，是值得纪念的。你等待着它的延续，哪怕再多一秒，那是荆棘后遍布鲜花的甜美芬芳，是登上山顶后脚下翠丽秀美的空灵山色，是风雨过后的雾气氤氲的水天一色。

何谓痛苦？痛苦是彩虹前的暴风雨，是蝴蝶挣脱蛹时的挣扎，是凤凰涅槃时的重生，是蝉在地底沉睡三季的等待。只有经历痛苦，方能置之死地而后生。

既然成功的路上无法避免要经历一番痛苦，那就学会享受它吧，这是一种对待生活的态度。据古书中记载，传说有一种古雕，生长到一定阶段，在飞行前，要先将自己的翅膀折断，让其再次生长，才能最终享受飞行的乐趣。诚然，飞行是美妙的，蔚蓝的天空、俏皮的白云对谁都有着致命的吸引力。如果古雕过早地张开稚嫩的翅膀去拥抱蓝天，定会跌入万丈深渊，粉身碎骨。折断羽翼的过程是痛苦的，钻心的疼痛沁入骨髓，撕碎，拉扯，断裂，痛苦无时无刻不弥漫着，充斥着整个心灵和身躯。但这一过程同样也是值得纪念的，这是一次新生，一次生命的洗礼，一次痛苦的延续。痛苦再多一秒，就会变成那一刻飞向蓝天的激情和澎湃。

我们，从出生到死亡，从摇篮到坟墓，一生要经历多少的痛苦。

我们会为成堆的作业而苦恼，会为工作的压力而叹息。每天起早贪黑，朝霞和星辰是我们路上的伴侣，路灯和黎明陪伴着我们前行。我们失落，我们绝望，我们甚至想逃离这个似乎不是那么美好的世界。可这样的痛苦，一秒一秒地延长，不也是积蓄力量的过程吗？我们努力、拼搏，痛苦延续多一秒，再多一秒，到最后我们也享受到了成功丰腴的果实。时光流逝，岁月迁移，所有的这一切都将变成欢快的赞歌，深深地印在你的记忆里。

哲学上有一个概念，质变是量变的必然结果，量变必然会引起质变，因此，只要痛苦延续，哪怕再多一秒，成功就会来临。可惜的是，现在的社会，急功近利之风盛行。许多人都渴望一夜成功，各种速成法充斥着大街小巷。真正愿意静下心来研究学问的人少了，一些所谓的专家学者没有多少专业知识的积累，便想着收获名利。

这段时间大热的演员王凯和黄轩，表面上看，他们仿佛是一夜爆红，但是他们之前的拼搏努力，又有多少人知道呢？每天暗无天日地工作，从早到晚不停歇，却也只是不温不火。那段时间必然是痛苦的，但王凯和黄轩不约而同地感激着一段时光，他们能静下心，好好钻研剧本，提高演技。这是一个积累的过程，一个进步的过程，一个去除浮躁，脚踏实地朝着目标走去的过程。

好好珍惜那段叫作痛苦的经历，因为它也许再多一秒，就会化为喜悦的甘霖，那是你生命中——最美的风景。

茶 酒 人 生

张 韵

老祖宗传下来的“饮”“品”文化，恐怕在茶、酒这两样上表现得最为淋漓尽致了。

论起酒，它几乎是同中华民族的文明一起诞生的。相传最古老的酒是仪狄为大禹造的酒，大禹饮后连声称好，从此，酒文化便弘扬开来。

酒易饮，凡夫俗子谁都能喝，大多也都会喝。酒是用来壮胆的，武松，十八碗夜过景阳冈，是靠它添一身虎胆；酒是用来浇愁的，古往今来的迁客骚人，壮志难酬，常常“呼儿将出换美酒，与尔同销万古愁”；武侠小说中的英雄豪杰，常借酒会友，大碗喝酒，大块吃肉，尽显一身豪气。因此可以说，人们喝酒，目的通常不那么纯粹。

关于这一点，历史可证：宋太祖的“杯酒释兵权”，可谓是喝酒的至高水平，历朝皇帝最头痛的问题，他仅用一杯酒便解决了；汉高祖刘邦赴的鸿门宴，把盏言谈间激流暗涌，写下了楚汉相争的精彩一笔。酒，用在政治上，便不再是喝酒了，至少不再是其原有的质朴和单纯了。至于酒常与王侯将相扯上关系，或许是因为酒的豪气很适合统治者的霸气雄心吧。

相比之下，茶就显得简单清雅多了。我始终觉得，会喝酒的人，不一定是为了喝酒而喝酒；会喝茶的人，不一定是为了喝茶而喝茶。喝茶有很多讲究，饮茶之风起源于中国，千百年来逐渐发展成了一门学问，即茶艺。

《红楼梦》中妙玉泡的茶，用的是陈年梅花上的雪水，其空灵悠远又岂是一般的水所能比得了的。再看妙玉说茶：“一杯为品，二杯即是解渴的蠢物，三杯即是饮牛饮骡了。”茶真是与俗无缘。

除茶与饮茶人本身之外，喝茶时的意境也是必不可缺的。周作人曾在一篇文章中提到过：“喝茶当于瓦屋、纸窗下，清泉绿茶，用清雅的陶瓷茶具，同二三人共饮，得半日之闲，可抵十年的尘梦。”喝茶要心如止水，无欲无求才好。捧一盏清茶，青绿摇曳，茶香袅袅，心便随着那舒展的茶叶缓缓沉入杯底。茶真是超凡脱俗的隐士。这或许就是古人的处世哲学吧，清心寡欲远离尘嚣。然而，以今天的眼光来看，未免有点儿消极。

于是，我又把视线转向了酒——它果真只是浓烈落俗吗？我很喜欢一首唐诗的意境：“绿蚁新醅酒，红泥小火炉。晚来天欲雪，能饮一杯无？”其雅境奇趣，不逊于周作人笔下的茶事。都说茶是性灵之物，其实，酒更激发了多少文人墨客的灵感——“竹林七贤”中的阮籍，才高八斗，嗜酒如命；“诗仙”李白的“黄河之水天上来”，其豪迈绮丽的想象，很大一部分是美酒所赐予的。

看来，酒也不乏其高雅的一面，甚至是醉酒之态——湘云醉酒，是醉卧于芍药荫，那是千金小姐的娇憨之态；李白醉酒，是醉倒在翰林院，是一代诗仙的桀骜之态。

文人爱酒，武夫也爱酒。武林中人以酒会友，豪气如云，不过是匹夫之勇，只有把酒在疆场吟唱时，才能真正体现出其豪放雄壮的脾气。“葡萄美酒夜光杯，欲饮琵琶马上催”，据说，葡萄美酒倒入夜光杯中，酒色与鲜血无异，饮酒如饮血，这不由得令人想起岳飞的词“壮志饥餐胡虏肉，笑谈渴饮匈奴血”，中华男儿的方刚血气与壮志豪情在饮酒中一览无余。

茶，是遗落凡间的精灵，它的高雅与脱俗，只有少数人才能品味得到；酒却是豪爽之物，宜喝宜品，可以说是雅俗共赏。这两者都延续着中华民族几千年的文明，然而，它们又代表着两种不同的处世之道——清心寡欲抑或豪情万丈，平平淡淡抑或轰轰烈烈。

我，应该选择哪一种呢？我思索着。闲暇时，泡一杯清茶，静坐窗前，看雁过留声，云卷云舒；忙碌时，饮一杯烈酒，振奋起万丈豪情，迎接生活的挑战。静如茶般淡雅，动如酒般浓烈，或许这就是人生的最高境界吧！

万物静观皆自得

郝　奇

若为木，当欣欣以向荣。

若为草，当萋萋以摇绿。

当林花谢了春红，你曾否伤感曾否为那抹娇美遗憾？当阳光融了冬雪，你曾否忧愁曾否为那澄澈流连？当秋风袭了绿叶，你曾否徘徊曾否为那青翠不安？其实，不必埋怨不必彷徨，静下心来细细忖度细细回味，你便会知晓万物的轮替都是上天刻意的安排，是自然赐予它们的自得与自在。给自己一方净土，给自己一片晴空，给自己一种心境，同样，你也会感受到生命的美好圣洁与自得自在。

齐白石的虾与徐悲鸿的马像是画界一堵不可逾越的高墙，多少画者为之望而却步，多少艺人因此自感卑微。然而，在齐白石的虾后，有多少尾虾在那一纸清波中自由自在地游弋？在徐悲鸿的马后，又有多少匹马驰骋着奔腾于那一卷平川？我们不必刻意去挑战最高的峰巅，以平和的心静观世间百态，你一定能获取专属于你的视角与风景。

或许你曾激昂地吹响目标迈近的号角，或许你曾立下不登峰顶绝不止步的誓言。然而别忘了，沿途的风景也是一种收获，一种美的瞬间，若懂心平气和地在追寻途中采撷沿路的感动，即便没有达到最终的成功，你也会领会获取与付出值得。撒哈拉沙漠的漫漫狂沙中留下的是三毛无悔的步履，龙门千佛古色古香的遗址间有着席慕蓉无悔的流连，阿里山日月潭的秀美山水中更有着林清玄无悔的章节与心跳；于是，她成了漫漫黄沙中的金块，她成了郁郁松林间的一株青松，他成了柔柔天际的一丝游云；她的生命因此而不再遗憾，她的年华因此不再单一，他的灵魂因此而得以净化得以升华。

作家屠格涅夫说，你的价值与你无关，那是别人的事，而你要做的仅仅是做好你自己。谁也不比一颗星暗，谁也不比一棵树低，在天地万物间以自己为圆心，以无穷远为半径画一个圆，你就会发现自己在这个世界的中心，太阳离你很近，月亮离你很近，星星和流萤都发着光，簇拥着你前行。而你，只需静心聆听山间野茉莉的芬芳和蝴蝶的轻吟残唱，静心，然后做最好的自己；自得，然后看最美的风景。

也许马拉多纳的球场再也走不出像他一样优秀的队员，但更多的呐喊声更多的激荡感正在不远的未来涌现；也许柏拉图的雅典学院再也不会有像他一样杰出的哲人，但对世界的认知对人性的探索都踏着前行的旅程。静心，知足，于是自得，脱俗。

生命是一束纯净的火焰，我们依靠内心看不见的太阳而存在。只要静下心，你必将可以发现，生命中的恐怖没有什么可怕，生命中的孤独没有什么缺憾，生命中的高墙与埋没无关。静下心，你便明了，万物皆自得；静下心，你便知晓，万物皆自在。

青色随想

林娉婷

说到青色，我第一个想到的就是青葱岁月，区别于流金岁月。

但是其实我不知道什么是青色。

青花瓷我知道。如果是那种颜色的话，我很喜欢。很素雅，很安静的颜色。记得有一位画家，在中年时候自己放弃奢华，从零开始钻研青花瓷，最终十几年过去取得一番成就，他却偏要画出只有古人才做出来过的雪景图，只靠一遍遍青色的渲染要造出雪景图那是何等不易啊，但他终不负自己，经过好几年的光景，真的在他手上诞生了两千多年来第一件雪景青花瓷，雪落无声，大爱无言，何等震撼。

再来说说人。青衿，古时候的读书人；青衣，婉转美妙；青梅竹马，两小无猜；青楼女子，指颤琴弦，波动心弦，心下的凄楚却无人问津，人间冷暖，自己心里有数。

青衿都很穷，社会地位低，只能靠做官打个翻身仗，可是对于大部分人来说，这个翻身仗漂不漂亮已经是没有意义了，像只硬壳乌龟一样狼狈地挣扎着，一辈子为了中举而生，好不容易中了，没准一转眼就疯了。但是也有美好的那种青衿，像梁山伯那样的，还扑蝶呢。像许仙和白娘子，张生和崔莺莺。还有无父无母孤苦伶仃的青楼女子，这时候总是要有许多庸俗的胭脂红粉来衬托她们的清高无暇，此女卖艺不卖身，只为等一个一梦三四年的承诺。再说青衣，身段曼妙，唱腔婉转，余音绕梁，三日不绝。青衣的眼神是最妙的，眼波流转，传情达意，魂都被摄了去。

我从小喝茶，习惯。喜欢铁观音，青茶。向往红军战士的青稞饼，北方汉子的青稞酒，喜欢会长青苔的城市。虽然对青色并不了解，这里许多东西也不是青色，但我想这些东西都有一个特性：美好，素雅，招人喜欢。

青不像红色充满激情，也没有绿色那么充满希望，但是它很安静，不引人注目却吸引我。

今天就到这了，再不吃饭我脸都饿青了。

暮　春

袁　媛

清晨出门，看见楼前的石榴花落了一地，艳红从树根处蔓延开来，颜色由深到浅。树上的花已所剩不多，稀疏地散落在绿叶之间，偶尔一瓣，微微摇晃，带着眷恋离开，飞舞着旋转着落地。

难道昨夜起了风，吹散了这一树精灵？又或是，她的花期将尽，所以她着这一身正装来向我告别？一眼的红，满眼都是红色，不，这是她在控诉我，指责我在她青春明媚之时没有留意她的美，朱颜凋零，空余一地悲凉。看石榴花的残败，还有远处早已苍翠的大树，蓦然觉得，春已晚了。

默默的树，在无人问津的角落，守着自己的春光，开了这一季的绚烂，不曾丢弃一点点时光的碎屑。

我从小生活在乡村，一年四季变化明显。春天到了，便是鸟语花香，农民和老牛走在乡间小道，春耕开始了。田中的农民一手撑着犁具，一手拿着鞭子，时而抽动，时而吆喝，惊跑了“吱吱”的鸟儿，一只接着一只，飞向河那边的枝头，或是躲在了某个角落。老牛偶尔发出低沉的哼声，在阳光的折射下，农民的额角泛着晶莹。最是一年春好处，春天是忙碌的，是不容错过的，春天的付出与将来的收获成正比。所以，必须珍惜每一寸春光，抓紧时间做完该做的事。

兜兜转转，人的生命都将归于尘土，可过程，却充满缤纷。三毛说，我来不及认真地年轻，待明白过来时，只能选择认真地老去。也许一眨眼间，少年的梦便散落在天涯。偶尔听到有人抱怨，之前自己的选择有多不该。在做出选择前没有利用充足的时间来考虑，此时却怨天尤人，不过是为自己的失败寻个借口罢了。

几十年的光阴，不长也不短，经不住肆意地挥霍，别期望还会有重来一次的机会，你不能回头，也无法回头。

夜 音

石杭莹

一个冗长而又烦闷的夏夜。

一首肖邦的小夜曲。幕起，是海浪波澜的歌谣。脑海里浮现了水天一色的海，翻滚着雪白的浪花，留下了可爱光洁的贝壳，卷走了金黄细碎的沙粒，偶有海鸟欢叫着飞过，勾勒一束生动活泼的弧线。接着，琴音伴随着流水声响起。那也许是一个沉醉在乡野自然风光的音乐家，他的血液总是安静地流淌，骨感修长的手指舞蹈在黑白琴键上，悠扬典雅的音符在指尖蔓延。不曾狂热，不曾怅惘，只是徜徉在自己的精神世界，只是自我欣赏。身旁应该有个白裙舞娘吧，闭上眼，踮起脚，随着音乐尽兴起舞，飞扬的裙裾掀起了女孩愉悦的心情，仿佛走在带着紫罗兰幽香的梦境里。时不时，坐在钢琴前的自由者加大按下琴键的力度，冲击着耳膜，那是一种执着、一种坚守、一种对艺术无比虔诚的谦卑。在他和她的心里，一定排斥着世俗衡量成功的眼光，他们心甘情愿地守护着自己寄托灵魂的净土。流水声似乎是一双充满母爱的手，拂去几个音符过于尖锐的棱角，揉散在光影含混的夜色里，在听觉上也就不那么突兀了。音调之间阶梯式的滑落，将钢琴的优势发挥得淋漓尽致，宛如天成。滴答滴答，时光不知不觉地溜走，夕阳的倩影斜斜地照进窗户，横亘在音乐家和舞娘之间。一个锦上添花的和弦，安逸的琴音遁隐在潺潺的流水声里。两个人相视一笑，是拥有知音而欣慰的笑吧。这首小夜曲依旧是在空旷的海浪席卷下渐止。

一曲终了，睡意终究没有如约而至，反而愈发清醒。再一次按下播放键，音乐又随之响起，似乎有百听不厌的态势。走到窗边，撩起窗帘的一角，正看到住在四楼的出租车司机心满意足地回家。看到此景，听着该曲，心里浅浅低吟：顺其自然，也许又是另一个世界，也许会讶然发现幸福藤蔓结满了生命的四季。凝视着平日里冰冷的水泥地，竟有了几分暖和气象。

一个宁静而又舒适的夏夜。

清照，清照

吴姗珊

红　莲

夕阳西下，彩霞映红了天际，微醉的你徜徉莲间，美丽的红莲娇羞欲语。红藕香残玉簟秋，轻解罗裳，独上兰舟。

你的思绪被红莲缓缓地拉开，拉开……像一条条欲断未断的藕丝，延伸向天边。花自飘零水自流，一种相思，两处闲愁。此情无计可消除，才下眉头，却上心头。

清照，你是在离别之后盼着那锦书的到达，还是在宣泄内心的凄凉？你是在怀念逝去的时光，还是在对未来担忧彷徨？

含苞欲放的花

时常在落寞的时候阅读清照的词，然而我没有经历过挚爱的人的离别，也未经历过国破家亡。人生阅历甚少，又怎能在这里说我读懂了你的诗、读懂了你的心、读懂了你的情？

你的词里，隐藏了太多生活中无法实现的情感寄托，隐藏了太多作为女词人的独特情怀。这一切，年少的我并没有读懂太多，只是在你淡淡如轻烟如面纱的词句中寻觅到些许对于感情的追忆。

少年的你，快乐又有活力，那诗里的鸥鹭，似就是你的青春印记。

我羡慕年轻时的你，如花年华、清丽娟秀。你怀有动人的少女情怀，尽显青春的激情与美丽。只能说，你的出现，在那个时代是一个精彩的意外。此刻的我，虽然与你相隔数百年，却仿佛能看见你那深邃迷人的眼眸里散发出来的生机。

乱世中的美人

物是人非，青春稍纵即逝，幸福也如阳光下的泡沫，美丽却易碎。在之后的日子里，我知道你走得并不好。国破、家亡、财散、再嫁……生活上的事情早已让你面容憔悴、疲惫不堪。然而你并没有被这些挫折打败，也没有向命运屈服。你一直在写，一直在坚持着某种信念。淡酒浇愁，燕叫回肠，细雨打梧桐。那支笔，你从未放下过。

你也曾怀念过儿时那白色的荷花、醇香的美酒、灿烂的晚霞、静静的湖面，以及藏匿在荷花里的笑声吧？过去的美好总是给现实的阴暗留下更灼热的伤痕。清照，我心疼这个时候的你，却又被你在这个时候留给世人的坚忍与不屈深深地感动。

永　恒

你的存在是那个时代亮丽的风景，你的著作是留给这个社会不朽的精神财富。作为一位女词人，你所散发出的女性独有的艺术魅力是其他无论多优秀的男性诗人难以企及的。你的青春过往，成年时的艰难岁月被世人所见证。百年来花开花落，许多事翻来覆去不断上演，可是你的词和情却在世人心间永恒不变。

此刻已是寒冬的深夜，没有荷花，没有鸥鹭，本应进入梦乡，可思绪却因你而复杂迷乱。我想，在这冥冥深夜里，能让我的情感有所寄托的，也只有你的心了。

遥望的姿势

终于站到了圩堤上，一眼就望见姥姥正站在房前的空地上。她左手挡在眉前，正朝堤上张望，我知道她正在望着我。记得小时候，姥姥就常常在太阳地里这样望着我，我似乎就是在姥姥这样的凝望中长大了，长高了，长胖了，而姥姥却被岁月催得渐渐矮了，渐渐瘦了，渐渐老了。后来，我读书在外，又成了姥姥家匆匆来去的“过客”。

拉面人生

石嘉逸

小时候读芥川龙之介的《罗生门》，有一句话印象很深：人生往往是复杂的。使复杂的人生简单化，除了暴力，没有办法。

当年年纪尚小的我，对于后半句话难以理解。后来长大些，开始明白：其实，繁杂尘世间，人人都过着一个复杂的人生，嘴上说着要让自己的心归于宁静，但种种千丝万缕的纠缠，没那么简单。倒不如狠下心，挥刀斩去周遭琐碎的事，沉心于一件简单的小事，也会发现生活的美。

国庆节，难得几天休闲的时光，漫步繁华的街道，我发现这几年小县城明显的变化：商品琳琅满目。各种各样新增的店铺，很新奇也很新颖。我本以为自己会被这些繁华多样的新店所吸引，可不知怎么，眼神很好奇，可内心的想法，却总不能驱使自己的双腿迈进这些店里。

大概是还没有遇到感兴趣的店吧。

继续沿着街道慢慢踱步，低头喝着奶茶的时候，我注意到脚下的路，仍是多年前的石板，不禁失笑，多么神奇：新增的装饰得异常时尚的店铺，在迈进店门的那一刻，人们所踩的街道上铺着的，是旧时光石板的记忆。新事物对上年代感，真是有趣的组合，不觉得突兀，反而觉得有一种从一个文明进入另一个世界的感觉。

因为漫步，肚子唱起了空城计。本想去商城的餐厅吃点儿东西，却发现门口早已排起了长队。

突然想起幼时经常光顾的拉面店，就在这商业街的附近。

循着依稀的记忆，来到巷子的深处，没想到，这家小小的店面，竟然真的还存在着。和老板打了招呼，点了一碗最普通的肉排拉面。当老板端上面条，八块一碗的肉排拉面，加点儿醋，点缀些青嫩的葱花，虽然价格上涨了一点儿，可是味道却依然没变。就和这家小店一样，即使过了这么多年，没有过多华丽的装饰，其他的一切，都和曾经一模一样——依然只有那么三张桌子，坐在靠墙最里面的这条凳子上，依旧不太平稳。与那些新店铺和时尚餐厅比起来——显得过于简单，却在此时，给我内心带来了无可比拟的感动。光是只吃着面条，喝上一口热气腾腾的汤，就无比满足。

回程路上，心里感慨，本想在周末随处逛逛打发时光的我，却在这一家小小旧旧的拉面店，感受到了无穷的温暖。只是一碗拉面，在拉面汤里，喝到了多年来店家的坚持，和这么多年依旧不变的那种经历了时光的宁静。不是那些时髦的新店处处点缀新鲜的小玩意儿，也不是那些时尚餐厅到处都是新奇料理抓住视线，就只是在平静小巷子里简易装潢的拉面店里那平凡的面，就有不可思议的力量。

大概这就是复杂人生中，突然收获简单事物的感动。不需要太多的辅料点缀，只需喝一口热气腾腾的汤，咬着肉排吃一口面。我终于明白：

当你让自己的人生变得简单，那时的感受，不是无趣单调，而是久违的宁静与满足。

愿你被这世界温柔以待

马丹妮

一

初中的一次考试，坐在我前面的是一名男生。每次传试卷的时候，他都是半转身子，把试卷恭恭敬敬地递过来，而且一定是我接到试卷了，他才转过身去。

高中时也是一次考试，我坐在最后负责收卷。我们组的第二位女生，总会在我把试卷收走后轻轻地对我说一声：“谢谢。”

也曾遇到过传卷子时头也不回就往后一扔导致试卷散落一地的人，但我一直记住的，却是那两位我不知姓名的同学。

许多举动的确不是义务，但很多时候，一个细微的动作，就决定了他人以一个怎样的方式将你记住。

二

这是母亲讲给我听的一个故事。

她去故乡的一所中学进行扶贫工作。事毕，学校的领导们要和志愿者合影。一个五六十岁的教导主任在站队时，不小心撞在了一位年轻的女志愿者身上。就在这样一个特别尴尬的时刻，教导主任回过头，微笑着对大家缓缓地说：

“我刚才一不小心撞到了青春。”

无论如何，智者总是充满风度。

三

临近期末，我提着大包小包的书回家。

进了花园后，无意中发现走在我前面十米左右的是一个有黑色文身、吹着口哨的大叔。片刻，他先走进了我所住的那栋楼。而我因为东西太重，拖拖拽拽了好一会儿才得以走进去。

当我走到电梯口时，惊讶地发现，大叔竟然还在电梯里，并且用手按着那个控制着电梯门打开的按钮。我走进电梯，他松手。然后问我：“几楼？”

四

有一部很喜欢的动漫叫作《夏目友人帐》，主人公夏目的一番话让我很有感触：

“想做一个温柔的人，因为曾被温柔的人那样对待，才明白被人温柔以待是一种多么珍贵美好的感觉。”

善意总归是温柔最好的表现。那些路过你生命的人，形同陌路也好，素昧平生也罢，他们不经意对你流露出的眉眼间的温柔，就是对你人生最好的庇佑。他们是生活的智者，你是生活的宠儿，相信善良并愿意对世界付出温柔的人，才会被世界以温柔相待啊。

愿你坐公共汽车没有零钱投币时有人出手相助，愿你的饭卡遗失后有人将它送到你的班级，愿你的外婆在买完菜后有人帮她提一小段路，愿你出游时有人热心指路并对你说句“路上小心”……现实并不是那么冷若冰霜，若说它像只猛虎，那它却总会匍匐于地，细嗅蔷薇……

愿你能温柔对待他人，愿这世界，以温柔待你……

节　奏

徐　然

嘈杂，一如摇滚乐队肆意地喧嚣，充满激情却令人舒缓。安谧，一如钢琴黑白键演绎的优雅清淡，让人沉醉。

可还是有那么多人一头栽进了热闹的酒吧，在舞池中伴着重金属的节奏，扭动身体，扭动青春。似是从身体的律动节奏中寻到了什么，便将灵魂也留在那里，尽情摇摆。不知道在这鲜明的快节奏下，那一张张年轻面孔下的心是否安详，是否放松。

或许，青春便是怒放，尽情绽放所有美好的时光。但我更钦羡于昙花般的酝酿，而不是终日沉醉，沽名钓誉。

酒吧里的人来自何方？散场后又会走向哪里？或许更多的人是投身于社会的名利场，终日为着升迁、涨工资、讨好上司绞尽脑汁。一度追逐，一度向前，像所有的凡夫俗子一样追逐什么，或许更准确地来说，是抢夺着什么。属于自己的功劳，属于自己的头衔，属于自己的朋友，都要。一位朋友说："以后，不要再争什么了。"当时的震惊已消退，伴随的是连日的沉思。这样的生活，或许是外人眼中的光鲜亮丽，可是个中酸楚，都只能独自咽下。是节奏太快了吧，不等万物自然发展便抢先要来，它累，你也累。

不知是否是换了新环境的原因，连我都诧异自己的改变。电脑里只有舒缓的歌曲，生活也波澜不惊。我开始享受这般美好，想着总有一天，要驻足丽江，走进乌镇，细细品味历史积淀的节奏之美，那里的人，应该都是不紧不慢的吧。

我也爱上孔子。当孔夫子感叹于向往理想社会的美好时，我明白，你我同道。爱你“知其不可而为之”的可贵精神，爱你对弟子的无比关怀，爱你时不时的诙谐幽默，更爱你这个人。或许依法治国是快节奏的人所做之事，那你——以德治国便是慢节奏的元老了吧。

慢节奏不是隐士们不理会世事，快节奏更不是追名逐利，留恋官场。无论是慢节奏还是快节奏，用孔夫子的话说，即“矜而不争”，并非消极对待事物与自己，而是以一种不是为了自己的心来做事，而是为社会做实事，困难时与大家一起共渡难关。

悟透之时，让我们偕同朋友沉醉在大自然声音的节奏里，顺其自然。抑或是在一个冬日的午后，捧一本书在慵懒的阳光下享受钢琴曲流淌下的美好吧。听，最舒缓的声音和最顺畅的节奏。

摆　渡

陈铁成

我想他应该是出生在一个缺少浪漫的灰色年代，一个暗淡而不见生动的枯槁岁月。一点点的摇曳都可以带来许多惊喜与闪光。

大概与那个时代的精神风貌及他的自身阅历有关，他很稳重内敛，他不喜欢我的嚣张我的任性，要我懂得“凡事预则立，不预则废”，做到未雨绸缪。可是他不知道这样做我很累，结果及过程都预测好了，安稳得让我觉得一切都很程序化。

他对我期望很高，给了我一双沉重的翅膀，让我像一只孤独的大雁，疲惫地飞翔。我很努力地学习，可总达不到他希望的成绩。我为他放弃了我本该拥有的激情与活力。

他从不表扬我，即使我拿了稿费、获得了荣誉证书。有一次我看到席慕蓉的一句话：“青春的无瑕与无邪，就在于它的一去不复返，可遇不可求。”我意识到我已经背离了青春的道路，背离了我的梦想。

他是教师，总喜欢说一大堆的话来教训我。他告诉我不懂一件事就不要说它没有道理，告诉我无论受多大的委屈都得退一步海阔天空。我没有说我不喜欢这种处世基调，就因为他是我那很辛苦也很敬业的父亲，他的话我不想违背。

我记起了一些童年往事。他让我骑在他肩上去看马戏，买很多小字本让我一笔一画地练字，灰蒙蒙的雨天带我去很远的地方爬山。他认为这样可以让我高兴，让我拥有一个可以回忆的童年。可是他从来就不知道我不喜欢看马戏，不喜欢练字、爬山，我更希望和小朋友一起自如地嬉戏玩耍。

我很想鼓起勇气对他说，如果没有他的束缚，我依然可以不改变初衷；没有他的导航，我依然可以不埋葬向往……

可有一天我翻他的抽屉，发现里面放满了我大大小小的照片。我伫立了很久，突然明白我就是他的希望他的梦想，就像去看海是我的梦想一样，我们都在努力地去实践，只是我们都没有站在对方的角度替对方想想。

以前，我总觉得我们之间有条河，我在这边，他在对岸。

现在，我才知道，对岸的人不是他，他是我的摆渡人。只是，我衷心地希望有一天，他能递一支桨给我，让我们一起来掌握方向。

本色人生

朱晓涵

我一直以为，先生的人生，是本色的人生。

闲暇时分，我总爱拿些诗词向先生请教，按理说我应该喊他老师，可他说既然是谈古论文，那就应该喊他先生。也罢，就随他吧。

先生的人生，是富有文学气息的本色人生。先生教了近四十年的文章，现在赋闲在家，却依然对古文有着近乎狂热的爱。记得是几年前的一天，还是个小学生的我去先生家玩。先生见我，倒也热情，刚与我在客厅寒暄两句，就拉着我进了书房。先生的书房不算大，却书影重重。既让人感受到唐宋明清的词韵，也让人闻到了巴金、老舍著作的馨香。那时我年少，对书根本没有兴趣，便抛下先生，去拨弄先生书桌上的文竹。没过多久，先生便开始踱步吟哦："若夫日出而林霏开，云归而岩穴暝，晦明变化者，山间之朝暮也。野芳发而幽香，佳木秀而繁阴，风霜高洁，水落而石出者，山间之四时也。"我知道这是欧阳修的文句。他又吟杜诗道："一去紫台连朔漠，独留青冢向黄昏。"我自感无聊，不一会儿便沉沉睡去。醒来之时斜阳已下，只见师娘双手叉着腰训斥先生又忘了去买菜。先生只是呵呵笑着，不时朝我做个鬼脸。那时候，我便以为，先生的本色人生，是文学的人生。

先生嗜酒，打小我不解，后来也明白了先生一碗酒、一卷书的淡泊。先生喝酒，是一定要用碗装的。他说，只有拿起碗，大口喝酒，才能让他与屈平与贾谊心意相连。我最初印象里的先生，便是一个头发花白的老头，一边喝酒一边唱词。柳永、易安的词唱起来自是好听，可先生不唱。他只喜欢龙腾虎跃的稼轩词。有的有调，没调的先生自己唱调，倒是自得其乐。在阳光下，在河岸边，先生都边喝酒边放歌，全然不顾四周人们指指点点。我以为，这便是先生的本色人生，豪迈不羁的人生。

先生还爱游历。一年中的大半年，先生是不在家的，东走走、西转转。先生只爱一个人旅游。他说这样能让他想起以前的李白仗剑出长安。先生走到哪儿，写到哪儿，一支笔，伴他风风雨雨。先生的文字，我拜读过不少，真似那豪气冲天的阮籍，洛阳打铁的嵇康。这也不过是先生的本色人生，随缘自适的人生。

从前先生教我古文的岁月，从我单薄的青春里打马而过，穿过紫堇，穿过木棉，穿过我所有的悲喜和无常。这一路上，先生用他自己的人生教会了我成长，教会我如何走今后的路。先生的本色人生，教会了我本色做人。

心中有感，作此文，距我与先生第一次相见已七年。

遥望的姿势

甘立融

遥望不是一个瞬间的动作，而是一种近乎永恒的姿势。

——写在前面

如果说五一可以不回去，暑假可以不回去，那么中秋没有任何借口不回家，不回姥姥的家了，不为别的，只为姥姥那遥望的姿势。

时已中秋，风凉爽爽的。田里的稻子还没有收，满眼黄绿相间的庄稼。想着姥姥还没有忙，不需要到田间拾遗穗，也不需要去扫南湖树林里厚厚的杨树叶引火，可以在家听听戏。

路况不太好，2路公交车停在陈埠我就下车步行，中午时转进了那条直通村庄的小土路，闻到了阵阵馥郁的桂香，我知道家就在近前了。红色的瓦房顶掩映在一片高大的杨树林中，房子外围是一方鱼塘，宽宽的，浮着几只鸭，房前围了一院盛开的向日葵，那就是我姥姥家，那里有姥姥在等着我，那个一个劲儿地往我手里塞糖馍，用眼光上上下下地抚摸我的姥姥。

终于站到了圩堤上，一眼就望见姥姥正站在房前的空地上。她左手挡在眉前，正朝堤上张望，我知道她正在望着我。记得小时候，姥姥就常常在太阳地里这样望着我，我似乎就是在姥姥这样的凝望中长大了，长高了，长胖了，而姥姥却被岁月催得渐渐矮了，渐渐瘦了，渐渐老了。后来，我读书在外，又成了姥姥家匆匆来去的“过客”。此刻，看到了姥姥这遥望的姿势，我一下子呆住了，钉在圩堤上，忘了背包里的月饼、桂圆、苹果，还有手里提着的想寄存在姥姥家的夏衣，还有额头上的汗和鞋子里钻进的几粒小石子。我只是呆呆地望着姥姥遥望的姿势。

姥姥望累了，换一只手。我忽然记起小时候，也是在这条路上，姥姥牵着我去上学，或者去赶集，或者串门、拾穗。她常常怕我走得累了，就弯下腰伸出两只大手抱着我，边走边哼着小曲儿逗我……时间在悄悄流逝，而今姥姥不苛求我什么，她只是想让我回来看看她，可是我……

“融子回来啦！”姥姥显然看清了我，微偏着头朝我喊。我赶紧回她：“姥姥，我回来了！”一走到姥姥身边，她就一把把我紧紧抱住了，抱得我很有些不自然，也只有任她了。“死孩子，咋半年都不回来，我还以为生姥姥的气了呢……我天天望呀，望呀，马上眼睛都望瞎喽！”姥姥唠叨着，话里真的带着哭腔，我就一个劲儿地朝姥姥傻傻地笑。姥姥，您何曾得罪过您的孙儿？姥姥，是孙儿不孝啊！

姥姥怕我跑了似的，拉着我进屋，吃饭，聊天，吃糖馍，把陈芝麻烂谷子的事儿都倒腾出来，我只好乖乖地吃着，听着，点头应答。到了离开的时候了。姥姥没有强留，只是说：“好好上，俺们这一大家子还没有大学生呢，你要争气！”然后把吃剩下的零食和肉菜装进一个红色方便袋里，硬是塞进了我的书包。我走上圩堤的时候，姥姥又手罩在眉前遥望我，大声地喊“要好好上！抽个闲空回来看看！”我也远远地朝她挥手，鼻子酸酸的。

回到学校，我打开背包，忽然发现方便袋里两袋月饼之间夹着一百元钱，我窃笑，因为在姥姥桌子的茶缸下，我也悄悄压了一百元钱。

晚上打电话给妈妈，说到了姥姥打眼罩儿望我的事，妈妈听着笑了，我说着说着却哭了。

夕阳西下

石晓薇

一

因为施工，繁华的建军路上烟尘滚滚，偶有路人经过，都是满脸的隐忍与不堪。

揉揉眼睛，企图缓解风沙带来的不适，可挡不住风沙的前赴后继。我无奈地苦笑一声，第101次地决定绕路。可我的手表明明白白、清清楚楚地提醒我：你又要迟到了！

这下，我的表情应该也变得更加的不堪了吧。

身后传来了一串丁零零的车铃声。回过头去，一位老爷爷骑着一辆三轮车慢悠悠地驶过，他的后面坐着位老奶奶，两个人都是无比悠闲的样子，老奶奶一只手拽着老爷爷的衣服，经过我时还对我微笑了一下。三轮车继续缓缓地前行。

——我羡慕这样的情感。

二

晨练时遇到一对老年夫妇。老爷爷坐在轮椅里，老奶奶推着他缓步而行。

连着几日都遇见，便上前打了个招呼。老奶奶这时正俯身说些什么。见我好奇，老奶奶略加解释，原来是在讲他们年轻时的事儿呢。老爷爷也应和地笑笑，枯槁的手搭在老奶奶推着轮椅的手上——那动作，发散出淡淡的温馨。

后来，听人说，老爷爷患了老年痴呆，但老两口依旧过得很幸福。

后来，听人说，老奶奶讲故事已经讲了有二十年了。

——我羡慕这样的情感。

三

临近郊区有几幢灰白色的小楼，几竿竹子参差地生长在楼前的园子里。围绕着那些竹子，鸟儿在欢快地飞翔、鸣叫。

有位老妇人经常坐在竹林边，靠在一把竹椅上，一字一字地读一本书。

有邻人闲语：她精神不太好，手上的书十有八九是倒着拿的。

我曾凑过去打招呼，发现那书的确是倒的。但书上那圈圈点点的墨色字迹，分明是深爱之人留下的。

其实，她读的不是书，而是回忆，是一丝熟悉、安心的气息。

——我羡慕这样的情感。

记录下那一个个让人心软的瞬间，记录下夕阳那最美丽的余晖。动人的情感永远在最平凡处，它最经得起时间的磨砺。

孤　灯

何婧琪

“喂，外公，我们再等几天回家。”妈妈在电话这端对曾祖父说。

“啊，你说什么，我听不见。”

“我说……算了，挂了。”

回老家的一路都飘着雪，时值隆冬，窗外的世界滞留在黑白影像中，母亲则兴奋得如孩童般在耳边絮叨着那一片林一条河的故事。乡间雪景，白的纯粹，像着银袍的诗人，吞吐着诗意。

大雪封路，到达时天已尽黑，一点儿微黄的亮光正及时，在黑夜里像个苍老而执着的引路人。转过山坡，星点亮光便淹没在潮水般汹涌而来的白炽之中。

明亮的堂屋里，曾祖父的帽檐耷拉下一边，身上的大衣半成新，露出粗劣的针脚，看那冻烂的双手，显然家里不够保暖。他的脸，几年未见仿佛又凹陷下去几分，苍老的声音不甚清晰，却一直笑着，露出零星的牙齿。不过片刻，便各自为乐，曾祖父一个人去偏房烧火。确诊为肺结核后，他始终不与我们过于亲近。偏房里的火光若隐若现，与屋内的笑声交织，投下孤寂的影子与墙壁共舞。

往后几日，曾祖父也没有过多的言语，只是时常看着儿孙们便扯开干裂的嘴唇，嘴里含糊不清地念叨着什么，浑浊的双目更加凹陷。哥哥姐姐在屋内谈笑风生，弟弟们在屋内追赶嬉戏，曾祖父有时弯下身子，捏上两个雪球，小心翼翼地捧在手心里，递给奔跑的孩子。但更多的时候，便待在偏房里与火光做伴。

近年关时，相伴曾祖父多年的土狗走失，他在自己的木屋里几日沉默。再次进入木屋时，曾祖父是掩面不语的。木板壁上长亮不熄的那盏灯格外引人注目，它在灰尘和油渍下发出暗黄色的亮光，但的确给了这间屋子一丝光明。灯上并排悬挂的曾祖母遗像和全家福却一尘不染。

除夕过后，终于是要离开了，却不像来时那般轻松。看见曾祖父浑浊深陷的双目，竟不忍道别。曾祖父知道我的来意，主动靠近我，将手放在我手里，我感受到苍老脉络的沉重，第一回听清曾祖父的话——“常回家”，那是一个暮年老者近乎哀求的呼唤。

上车后摊开手心，是一张皱巴巴的五十元压岁钱，展平，然后静默。回头望向木屋的方向，曾祖父佝偻的背脊渐渐模糊直至不见。

夜晚，一盏孤灯摇曳直至天明。

蜡烛烧完了，烛光在我们心里，陪着我们继续未来的旅程。

关于我妈，关于成长

张 巧

我用近视二百度的眼睛审视着闹腾的菜市场，一片模糊。唯有身边与菜贩子还价的老妈在瞳孔中鲜活起来，许久，我会心一笑。

一直固执地认为，所谓成长，就是努力在孤单中培养出一种骄傲的眼神。它来自于我仅有的十几年的阅历。我并没有什么令人信服的阅历，但它足以让我悲伤，比如分别，又比如遗忘，再比如不被肯定。于是我也有了青春期逃不掉的忧伤的资本。然而，文字偏偏又是忧伤的放大镜。它可以将忧伤泛滥成悲伤、哀愁、痛心，甚至是颇具浪漫气息的心情蓝调。于是，心力尚还脆弱的我们可以被冻死在这种变冷的情绪里。

然而我有个不解风情的老妈。比如我试图正经地、耐心地、真诚地与老妈说说我少年的心事时，她可以轻易地借助我一个不经意的字眼抢占话题的主动权，于是一场少年与妈妈的真心对话，成了一场家长里短的第N次重播。我叹气，其实老妈根本不懂我的心。“砰”，我毫不留情地将老妈拒之门外，顺带着加上一句：“每天重复这些破事，你烦不烦？”然而，在读到很多篇关于后悔没有珍惜亲情的文章后，我开始反省自己对老妈的残忍。她每一次以为闺女兴致勃勃地听，她愈发兴致勃勃地重播时，突然遭到女儿的一声怒吼加摔门时会做何感想呢？她会不会感到失落，会不会感到孤独，会不会有一道伤口悄悄地在她心上结出无法消除的痂？

万幸，我有个文化水平小学三年级的妈。这样她就失去了将心思变得细腻到无法承担忧伤的程度。想起我曾经鄙视老妈不知道苏轼、李清照而将每一日的工钱算得叮当响的模样。是啊，瞧这世俗样，她不知道所谓青春不能承受的伤痛，所谓少年的哀愁。但这世俗的人也会从小到大在我耳边念叨身正不怕影斜、人之初性本善云云。至少，这话让我从小就知道要做个正直善良的人。

的确，我有个喋喋不休的老妈，每一次饭桌上总是在老妈一个人营造的喧闹气氛中度过。尽管我不止一次地告诉她慢慢吃饭有益健康，尽管我曾恶搞地把她每一次发言前加上一句“电视台第××次新闻重播现在开始！”尽管我总是故意与老爸讨论耳朵上茧子究竟长了多厚的问题，然而强大如斯的老妈总能够轻而易举地无视掉。我在一阵阵的无力感中习惯了这样的饭桌。尽管她总是喜欢把别人的事搬过来讲一遍，并且加上自己的一番评论，然而有了几分耐心后，我就会赞同她话里的褒与贬。

老妈说：“我腰很疼。”老妈说：“我前几天摔跤了。”每每如此，我脑海里总是浮现这样的画面，伟大的母亲为了孩子安逸无忧的生活，偷偷藏起受伤的手臂或腿脚。为什么，老妈，你如此的不含蓄？可是我问“你疼不疼”这种白痴的问题时，她却回给我“没事，不疼”这种矛盾的答案。“赶紧贴药！”这是我的答案。爱，不必牺牲谁去成全谁，悲伤有时只是因为不够坦白。还好，我有个坦白的妈。

老妈说：“要好好学习呀，将来不用像我这么累。”老妈又说：“高考别紧张，先易后难。”呵，有这么一个人陪我在这个高压的竞争中一起紧张，她紧张着你的紧张，乃至超越了你。我忽然明白，当你失败时，第一个落泪的可能不是你自己，而是那个担心你、被你忽视的人。

悠悠老街情

邓景译

清晨，我来到位于乌镇西北的一条早市集贸街，想领略一下江南小镇的百姓晨曲。

这是一条老街，上海老式弄堂的宽度，街两边尽是各式各样古旧房子。那是一种纯木质的房子，不大的屋子却有扇极高大的门，窗子又很小，屋内极暗，一般皆为两层，木质的楼梯看着就有些摇摇欲坠，走动时更是吱吱作响，整幢房子给人一种饱经风霜、岌岌可危的摇曳感。

伸手抚摸这黑黝黝的斑驳木质，那一道道由于长年风吹雨淋而形成的沟壑仿佛一位年迈长者的深深皱纹，无声无息地证明了它的历史是那么遥远而厚重。

老街挺长，弯弯曲曲的似乎不是一条刻意的街，只算是夹在一幢幢老屋间不经意的石板小路。早市在老街后面，摊位设在沿街木屋里，货品从吃到用可谓是应有尽有。走在熙熙攘攘的人群里，发觉这儿的人们似乎彼此都熟识，擦肩而过都招手示意，没有过多的寒暄，却很有默契的乡邻之情。

记得儿时曾随爷爷光顾“茶馆”，在这个名副其实的百姓“信息交流站”，听老人们讲今说古聊家常，虽然还不懂，却一样津津乐“闻”。旧上海的别致美景——茶馆已在现代经济大潮中悄然隐退，而今天我又在乌镇老街遇见它，久违了。

茶馆设在立着大梁的老式大堂内，桌椅是很少见的木桌、长板凳，烧茶水的是哧哧冒着水汽、半人高的大壶炉，陈旧甚至有些压抑。大堂内坐着的皆是年过半百的农村老者，穿着老式的对襟布衫，黑瘦而硬朗。他们彼此不温不火地交流着昨晚的电视、今天的天气、某家的儿孙……诸如此类。那一张张布满鱼尾纹、写满沧桑的面容，那一只只积着厚厚褐色茶垢的杯子，让我看到岁月的年轮。老人们那么平静和谐地品茶、交谈，丝毫没有都市人的匆忙，实在让人惊诧而羡慕。或许他们并不富裕，也从未见过小镇外的精彩世界，可他们过得踏实、自在。

很想迈入茶馆，喝一口冒着泡的热茶，享受一下老人们的安逸富足，只是觉得我这样不经世事的少年的介入会破坏画面的平和。 踏上老街尽头的石板拱桥，在桥顶俯瞰老街的人们、老街的屋，小镇平凡的一天开始了。阳光照进老街，照进了老屋，投下一片霞光。

我的外祖父

刘思辰

外祖父在客厅里走来走去，面色有些涨红——我知道，他又被饭噎着了。在他跨入八十岁之后的这些年头里，他变老的速度在明显加快：先是耳朵有些背了，我扯着嗓子重复好几遍，他才能听清；接着，他不再六点起床，进菜园摘菜，然后轻手轻脚在厨房给长假回家的一大家子人准备早餐，取而代之的是早睡和晚起……或许是吃得太急，或许是饭煮得太硬，他常会噎着，看他呼哧呼哧吸气的样子，我竟有些难过了。

我的童年，一直有他——

上小学时，他常代替分身乏术的爸爸妈妈接我放学，可口的小吃一路伴我回家：五角的棉花糖，一元的羊肉串、棒冰、可乐……我犹记得他从蓝布中山装口袋里拿钱时脸上的笑，现在想来，是带了点儿宠溺吧。

班主任对我们生词默写要求十分严格，爸爸妈妈还没下班，外祖父便接过帮我听写字词的任务。他读出一个词，我飞快写下然后看着他——廉价老花镜架在他不平整的脸上，又留着光头——真像语文课本插图里的小猴，不，老猴。因为只念过几年私塾，他的发音常常不太标准，我抓耳挠腮怎么也不记得有那么个词，他低头仔细看了看书，咬定没读错，我夺过课本，找到那个词，随后便理直气壮了。他也不恼，扶扶眼镜，让我教他，我把头一昂，背起双手，半响，才开“金口”。那时的我，还真是没有丝毫“为人师表”的风范——哪有那么自鸣得意的老师？是他，成全了我儿时的点点骄傲。

初二的一个周末，他刚下车到我家便问：“去你们学校还是那条路吗？”他忘记我已升入中学，这时，我才感觉到了他的老去，仔细看看他：佝偻的背更驼了，黑，瘦，眼睛有些黯淡了。

那个硬朗的他去哪儿了呢？

一年正月十五和他出门看花灯，一个乞丐迎面走来，蓬头垢面，冲路人傻笑。我下意识地往他身后躲，抓住他的手，他低头告诉我：“没事的……”揽着战战兢兢的我走过。他的手，好像树枝，瘦，枯，却很有力。

常听人说“老小孩儿”——老人会老成一个小孩儿，我现在才渐渐体会到了。

2010年末他第一次坐了飞机，在广州舅父家他牵着电话线纳闷：“怎么上飞机时不是楼梯啊？国家领导人不都从那下来挥手致意吗？”父亲笑道：“他们用的是专机，民航都是走‘管道’”。他便“噢”了一声，仿佛恍然大悟。

前些日子，喝过母亲带回的凉茶，再看到电视里播放这一产品的广告时，他嘟囔：就是这么个味道啊……

戒烟好几年，岁月悄悄抹去了他的一些习惯，闲时的阅读却固执地保留了下来。高中难得的周末，我端着水杯匆匆回房，瞥一眼客厅：他安坐在沙发上，微微倚着靠枕，阳光柔和地泻下来，落在他手中的《梁实秋文集》上。那一瞬我竟有些失神……

时光的碎片里，他的模样完整地在我心中，成为永恒。

桥声，桥生

谢墨白

依稀记得那个脉脉斜阳的黄昏，那座斑驳的石桥，那个女孩儿，跳跃着，跳跃着，流年小心翼翼地带走了那些人和那些事。

一

细碎的晨光爬上窗棂，摇摆着。她安静地坐在床边，母亲灵巧的双手为小小的她梳着如墨的黑发。女孩儿黑溜溜的眼眸定定地望着母亲。母亲是个好看的女子，那双半垂的眸子轻轻透出些怜爱的神情。半晌，母亲拉着她走出家门，细腻的双手在晨曦下透明了一般。出家几十米，就是那座石桥，不知何年何月何日所造，更不知是谁所造，只知几十年里都是这样，像一个沉默的老人静默在微湿的雾气中，衣着褴褛，面容沧桑。母亲停下，蹲下来为她整理衣服，抚平她俏皮的长发，用温暖的手轻抚她幼稚的脸，推推她。小女孩儿会意，走几步，转身看母亲。母亲在阳光下，笑着，那双眸里泻出只有母亲才有的神情。小女孩儿笑笑，挥挥手，迈着小小的步履，慢慢地走到桥的尽头，转身，母亲依旧伫立在桥的那端，安然而怜爱地望着她走在去学校的路上。

那年，她五岁。一步一步，走过石板桥。

二

夕阳泻在山的那头，小女孩儿踏着夕阳，静静地往家走，许是想到什么有趣的事，她蹦跳着。小小的身影沐浴着柔光，到了，快到了。隐约可见桥那头立着一个身姿娉婷的女子，三十岁左右。夕阳将她的身影拉得很长很长，隐隐有些孤寂的味道，她有些迫切地望向桥的那端，不时踱着步子，在看到小女孩儿的一瞬间，仿佛连身影也鲜活起来，她向前走了几步。女孩儿喊了声“妈妈”，母亲风一般跑来，抱起女孩儿搂在怀里，女孩儿伸出手，就一头扎进了母亲的脖颈里。夕阳无限好，一丝一缕抽离成一幅温馨的画面，展开在静默桥身之上。阳光略带着些凉意的余温覆盖上石板桥，苍凉的石桥也衬出些温情的味道，远远的像一幅将干未干的水墨画。

那年，她十岁。一寸一寸，丈量了回家的距离。

三

急风暴雨怒吼着，淋漓着，从天边来，席卷着每一个角落，豆大的雨点惊雷一样，狠狠砸在身上，寒冷刺入骨髓。女孩儿在雨中乱撞着，单薄的身体仿佛下一秒就会被风刮走，再无踪迹。她向桥另一头奔去，那里有着另一个柔弱的身影，撑着一把被风刮得零落的雨伞。风雨再大，她固执又坚定地站在那里。女孩儿扑进母亲的怀里，两个人在桥身上瑟缩着，艰难地往回走。风雨中的石桥兀然端坐在天地黑暗的一隅，任风雨飘摇，如一个守夜的老人，守望着归人，不发一语。

那年，她十五岁。一丈一丈，跑向等她的母亲。

四

女孩儿考上了大学，她像一只燕子，将飞往远方的春天。

母亲不再年轻，细纹已爬上她的眉头。

村里的老人说，很久以前的冬日，石板桥上传来女婴的啼哭，打破村子的宁静。桥上的弃婴引来村里的人，叹息声一阵一阵，却没有一双温暖的手抱起孩子离开冰冷的桥身。在寒冷与饥饿中她的哭声变得越来越微弱，抽泣声如小猫的呜咽低低地飘荡在清晨。不知道过了多久，有一双素净温暖的手在众人惊讶的目光中，抱起那个小小软软的身体，眼神是那样温和。这个年轻的孤独哑女收养了那个桥上的弃婴。然后呢，然后啊，她们相依相携，在彼此寒冷的生命里温暖绽放。像那座石板桥，几十年的沉默坚守，只为给那些人一条通到心安处的路。

女孩儿走过那座桥，走向外面的世界。

那年，她二十岁。她听到桥声，她知道那是桥生。

草 木 之 心

刘卓然

草木之心，是静默，也是多情。

园子里高大的杏树，春天里，总会开出洁白的花朵，散发出淡淡的幽香。

但园子里进进出出的人，很少有谁会去关注这棵树。也许只有到夏天，枝头挂满橙黄的杏子的时候，人们才会相聚在树下，一起感受杏子带来的甜蜜。

树，不奢求人们给予它什么，只是无私地奉献着自己的一切。它们安静地生长、开花、结果、凋零。季节在枝头流转，春夏秋冬，周而复始。

我爱树，正是因为它静默的身影和清淡的生活态度。

在我眼里，一切植物都拥有灵性和感情。我爱植物，它们生长在这尘世，不受这世间纷繁所扰，只一派从容淡定。

有时我想，如果来生有机会，我一定做一棵树，满树繁花的、安静的树。

四月，春风轻拂的早晨。我站在园里，观看杏花飘零。花在风中盘旋着、飞翔着，最后散落到地上，零碎，零碎，再零碎。最终，化作春泥，深埋于树下。

没有悲伤，只有留恋。

草木之心，远比人的心更细腻，不然怎么知道一切的离别与相遇。

记得，儿时的庭院，总是弥漫着花的香味。

姥爷一生独爱菊花，所以满园种的都是金黄的菊。每到夏末秋至，庭院便幻化成金色的花海。那时的我，像一只嬉戏于花间的蝴蝶，快乐地飞翔。在花丛间，有着我最快乐幸福的少年时光。

这样的记忆，是何时终止的呢？

记得，是姥爷去世的那年吧。

那年秋，本应是秋菊正盛的时节，园里却只开了几朵小菊，稀稀落落的，没几天就枯萎了。在我的印象中，菊花的绽放从没这般短暂。我想，花儿是有灵性的。这些菊花是姥爷栽下的，对于尽心照顾它们的姥爷，花儿们也一定有着非同一般的感情。如今，姥爷去了，它们应该很伤心吧。主人都不在了，花儿开得再盛，又给谁看呢？

现在的我，依稀还能记得那一年菊花零落的景色。在秋风下，更是渲染了几分悲凉。

很多年过去了，我也没再见过如姥爷花园中那般多而繁盛的菊花。偌大城市里，只有路边那单一的行道树。也许，只有在别人的院子里，能看到那盛开的繁花吧。

我喜欢雨天，因为能闻到独属草木的清香，如茶般，因苦而隽永。闻到这气味，我仿佛处在大山深处，快乐地微笑。

木犹如此，人何以堪？

落花的风依旧，懂得草木的悲伤，体恤草木的疼痛，深知草木的心灵，让自己住进心灵的春天。

陌 生 人

姚昕怡

二月的时候，我在公车上遇到你。你依然清瘦，但剪去了黑亮的长发，是时下流行的那种发型。你依然热情地同我打招呼，可我却只觉得冷漠与疏离。

你黑色的指甲油让我恍惚了很久。是什么时候认识你的？好像是很久很久以前了。对，那是可以追溯到幼儿园时期的友谊。

彼时，活泼可爱又聪颖的你是老师家长赞不绝口的乖宝宝，而与你站在一起的我，只是一片连光彩都没有的绿叶。

你穿漂亮的裙子，戴着闪亮的发饰，优雅地转一个圈，像公主。

三月，走在拥挤的大街上，鬼使神差地，我拐进街角一家很小的精品店。我看到一颗小小的水晶球，蓝色的，里面有一只小海豚骄傲地望天，摇晃一下就会有“雪花”飞扬起来，折射出七彩的光芒。于是我想起了你。想起你笑容清浅的模样，想起你热情的拥抱，想起你淡漠的表情，想起你用涂着黑色指甲油的手递给我口香糖。

四月的艳阳天，喧嚣的小商品店里，你站在我面前，却没有看到我。你忙着和站在我身后的朋友讲话，我抬起头来想与你对视，却是徒劳。

那个时候我问自己，为什么没有感到悲哀难过？不，不是没有，而是那种感觉太深刻，我痛到麻木了。你的生日就快到了，那个小小的水晶球我还要送给你吗？请原谅，并不是我太幼稚，只是我心中仍有童话。

2008年的那个秋天，分岔的十字路口，你向左，我向右，彼此都义无反顾决不回头。然后，越走越远。时至今日，对你而言，我不过是一个陌生人。而对我而言，其实也一样，你也已经是陌生人了。我认识的，只是2008年秋天以前的你而已。

我只希望你现在，将来，一切都好。这是对一个陌生人的祝福，因为无法参与，无法见证，所以只有祝福。

传　　统

周荷秀

自我懂事以来，我们家那座老钟就一直被端端正正地放在客厅中央，本本分分地做它报时的工作。可是有一天，我无意中发现这钟居然慢了——虽然只慢了一分钟，但已使我觉得有足够的理由让它“下岗”了。

于是趁着一次家庭“集体就餐”的机会，我提出了换钟的要求。还没等我说完，饭桌上突然静了下来，爹妈用眼神制止我，一旁的爷爷已经气得放下了碗筷。他愤愤不平地说：“谁说要换钟的？五十多年来它从未差过一秒，现在怎么会坏呢？一定是你自己的手表快了！”“可它确实是慢了。”我委屈地说。爷爷沉默了，默默地走开。望着爷爷的背影，我心里充满疑惑，虽然我知道爷爷把这钟当宝贝似的，但我又不是嫌这钟太旧了，又没说要扔了它，为什么爷爷这么生气呢？

妈妈似乎看出了我的疑惑，她叹口气说：“你可别觉得你爷爷古怪。这钟是你爷爷的爸爸给他的，按他们那一辈的传统，最好是一直放在家里的正中位置，而且放得越久越好……”爷爷的传统我似乎不太理解，也很难理解，但令我不安的是我成了要破坏这一传统的“先驱”。

于是我想去向爷爷道歉。在客厅里，我看见爷爷正用那双枯瘦的手轻轻地抚摸着老钟，眼里充满怜爱，这模样就像对待他亲爱的孙儿一样。我欲言又止，似乎感觉到一种古老的情意，但对这种传统还是似懂非懂的。

就这样，钟依旧被放在客厅，可是它似乎真的走不动了。一个星期后，老钟整整慢了十分钟。虽然大家都有表，可在家总还是习惯看大钟。我不止一次地听见爸爸对妈妈发牢骚：“又差一点儿迟到，迟早要被厂里扣奖金。”但是谁也没再提换钟的事。

有一天在饭桌上，爷爷轻声而又无奈地说：“把钟换下来吧，我知道你们上班、上学都很不方便。”爸爸笑着说：“既然您同意，我们就换吧。不过，我看把老钟放在你房里的正中吧，我想这与放在客厅没什么两样。”

没几天，新钟买回来了。那是一个全自动的音乐石英钟，既美观又大方。我不再去猜那个属于爷爷的传统的由来了，只是每次看到他擦拭那老钟时，我不禁会对着墙上的新钟产生许多想法——是否若干年后它也会成为我的传家宝呢?

承　诺

陈阿美

记得您曾经对我说过："长头发是女孩的标志，我的女儿一定要有一头乌黑的长发。"记得您曾经对我承诺："等你头发过腰了，我就会回来了！"还记得您曾经再三嘱咐我："千万不可以将头发剪掉！"还记得您那天提着大包小包带着妈妈离家的背影！我也曾经在心里答应您，我一定不会剪掉头发，一定要做您心目中最理想的女儿。

就这样，我摸着日益渐长的头发，想着对您的承诺，揣着对您的思念，傻傻地，每天在村口站上良久、良久——父亲，您还没回来！而习惯的状态、机械的心理，让我竟然没发现自己早已长发过腰。

时光匆匆地流走了，从来没有留恋过这俗世。短发早已成长发，而您仍杳无音讯。直到那天，家里的电话铃响起，是我接的。电话那头是二叔沉重的声音："阿美，爷爷奶奶在家吗？"不知为何我的一句"不在"竟会让二叔哽咽了！他继续说道："阿美，你爸爸昨天上工时，一不小心发生了意外……"后面的话我已听不清了，只觉得似乎有一把剑深深地刺进了我的心脏，鲜血直接化为眼泪从眼眶里奔涌而出。我不知我是怎么挂上电话的，也不知该如何包扎我的心口，我只知道我的左胸很痛，很痛！

那种心脏被刺的滋味，脉搏被割的感受，心灵被彻底打击的经历，梦想被彻底打破的心情，您知道吗？您不知道！您要是知道就不会伤害我，您要是知道就不会离开我！您要是知道就不会不守承诺！

以致后来很长的一段时间里，我都无暇照顾我的长发，因为我已知道您的狠心，您的不负责任，我必须代您照顾爷爷奶奶，必须代您安慰妈妈，必须代您关心弟弟！望着日益干枯的头发，想着您的自私，我不由得生出一个念头：既然您可以不讲信用，我又何必死守承诺呢？我要剪掉为您蓄的长发，剪掉对您的思念，剪掉对您的承诺，而后，好好地活下去！

我知道成长的过程中会有很多的困难，很多的挫折，但我没想到老天为我安排的竟是这样的一个沉重的打击！在我柔嫩的双肩上，在我稚嫩的心灵里，留下如此深的印痕。我要将对您的思念，随着这逝去的长发飘向远方……

而今，看着这头短发，我突然明白：血脉里流淌的是怎么也割不断的亲情，因而对您的思念是不可断绝的，就像这头发剪了还可再长。

没有一种承诺可以重新许下，但是现在我却愿意等待，等待着头发的重新渐长，等待着人生真正的成长，而那头发也不单纯只是头发，它的每条发丝都象征着成熟，它的每个毛囊都丰腴着我的思想；而成长也不只是成长，它满载着父亲的期望，承载着父女之间的承诺，引领我乐观、坚强地生活下去。

我和你

孙雪

坐在窗前，深深的苍穹扯出丝丝白线，似在耳畔婆娑的轻语，一行大雁拍打着羽翼，温暖的渴望，是什么让我和你携手共牵。

一间小屋

小时的旧时光，在回忆的路上，时间变得好慢，老街坊、小弄堂是属于那个时代白墙黑瓦的淡淡的忧伤。

推开那扇门，许久没有人居住的小屋子写满寂寞。阳光透过窗子留恋地张望。记着木桌旁刻着的“好好学习”依然深刻地留在原地；小黑板被擦了又擦显示凹凸不平的表面上计算着儿时最简单的加减乘除；落在角落里的沾满灰尘的积木，缓缓地拍下了爸爸与我微笑的身影；黑白的底片，在生活的颜料中不断清晰明亮，炫耀地展示着只属于家的温馨。

我和你，是血缘的相牵，是爱的回应，此刻在浅浅低吟。

一座城

光与影的界限如此模糊，踏车穿过铁桥，望着穿过城市的河流，微笑着注目城市中央的金色雕塑。

这只是一座临海的小城，空气中夹着淡淡的海水咸味，看不见却是必不可少的，你可以看见卖糖葫芦的老爷爷笑眯眯地吆喝；捧着贫困地区捐款箱满街奔跑的大学生流满汗迹的脸；你可以听见孩童呼唤妈妈的稚嫩童声；老大妈自信满满地哼着韵味十足的秦淮小曲……

对他们而言，我只是过客，留下回忆的也只剩下斑驳。该怎么形容，无论何时、何地，城市里迎面而来的笑容，仿若秋日的雏菊缓缓开放，弥漫的香味让人心生感激。

我和你，是温情的相遇，记下微笑的面庞，此刻在轻声歌唱。

同一个世界

我和你，心连心，共处地球村……来吧，朋友……

那个夜晚，电视机旁，我看到了世界上最美的蓝色星球，星星点点，银色的人儿在上面轻快地行走。

当圣火燃起，鸟巢上空的烟火惊醒了天空的沉寂。人们心手相连，呼喊着、热拥着，让我的眼眶红了又红，是为了这个古老的民族的复苏，中华文明的长卷的展开，某个清晨丛林里传出天籁般的鸟叫，我无从得知，此时我只知道与你紧紧相连。

我和你，是共同梦想的际遇，心与心的相连，此刻在大声呼唤。

我和你，不变的心情，在深秋的天空下愈加令人迷醉。

父亲留下的脚印

张　继

雪地里，一串串深深的脚印一直延伸至远处，直至不见，那熟悉的脚印总会给我一种莫名的感动。

——题记

小时候，跟在父亲身后，到雪地里捕鸟。虽然穿得像个圆球似的，细嫩的小手也冻得通红。踩着父亲那宽大的脚印，雪里不再渗出水来，可总也印不上我的小脚印。

这时，我忽地转头，雪地里一片白茫茫的，只有一串长长的脚印，那是父亲的，可不见我的。我吵闹着叫停前面那高大的背影，只见父亲转过头对我微笑，一把搂住我，摸着我的脑袋，问我怎么了。

我嘟囔着小嘴，半晌才说了："爸爸，雪地里只有你的大脚印，总不见我的，我也要留下我的脚印。"说完，朝他做了个鬼脸。

父亲缓慢将我放下，点起了一支烟，"呼呼呼"地吸了一会儿，若有所思。好一会儿，父亲蹲下来小声对我说："好啊，今天让我看看小石头的脚印。"

我乐得发癫，在雪地上蹦蹦跳跳，一会儿，一方雪地被我踏得露出本来的面目。刚跳完，我便大步向要去的地方走去。可不知是步伐不够稳健，还是雪水渗出雪面使得路太滑。没出三步，我便在雪地上摔得人仰马翻。

父亲在一旁抽烟，一边笑呵呵地看着我，我心中顿生一股强烈的好胜心。顿时，不知又哪来的勇气，忽地一下从雪地上蹦起来，开始我的“脚印之旅”。可出乎意料，这回没出三步又滚到了雪堆里，不知后来在雪堆里滚了多少次，弄得自己都像个小雪人似的，身上也弄得湿透了，不知那是汗水还是雪水。

这时，父亲用中指将手中的烟头弹飞了老远，笑着向我走过来，摸摸我的脑袋道：“今天，小石头表现不错，爸爸背你回家吃饭去。”

我一脸的不情愿，但还是被父亲那宽大的手掌抓住托到如山的背上，父亲望着我一笑，示意我抓紧。

我安静地趴在那厚实的背上，回头望去，雪地上一路都是父亲宽大的脚印，一串串一直延伸到我们家的方向。

后来，我只记得那天父亲喝了许多酒，隐约向我说：“要想在雪地里留下脚印，首先要稳，一脚稳稳当当直踏入雪中，这就像建房子一样，没有稳当的基础，是无法站稳的……”

去年的冬天雪下了一地，我按照父亲说的迈着稳健的步伐，也在雪地里留下一串长长的脚印。

那个雪天，我受益匪浅。

春天从哪儿来

程世虎

外婆走了，外公也在这场风雪中走入了他的冬天。渐渐地，寒风瘦弱了肩膀，斑白了头发，浑浊了双眼，迟缓了行动，就连直板的背也有些驼了。看着他，我这颗火热的心也有了些许凉意。

雪莱曾说过“冬天来了，春天还会远吗”，那么对于一个进入人生冬季的老人，他还有春天吗？对于一个失去伴侣的老人，他的春天在哪里？对于一个即将孤独地度过残年的老人，他的春天从哪里来？我不知道，只记得那一天——

快过年了，我妈在外打工回来，照常烧了一桌菜，叫来了外公一起吃。饭桌上，妈妈要外公经常去洗洗澡、剪剪头，别真成了糟老头子。听到这句，外公喃喃地说：“你妈在的时候，我哪有这样子啊？没想到你妈就这样一撒手走了，你们也不在家，我整天待在家里，要什么好看……”接着便是长时间的沉默，记忆中一点一滴的美好回忆凝成了冰雨，化成热泪，汩汩流出。我的心被震撼了，曾经一个顶天立地的男子汉，却在寂寞的寒风中损伤了脊骨，变得需要依靠，需要照顾。

我不知道，在中国有多少这样的农村老人，孤寂地守着空巢，背对着坟墓，眺望着远处展翅的儿女。想象着他们的样子，黯然神伤，只有回过头，对着张黑白照片，絮叨两句，却无人应答，以熬残年。像这样的老人，还能等到那不知从什么地方来的春天吗？

春节到了，外公家里又恢复了很久以前的热闹，亲戚们都来了，大家围坐在桌子旁，喝茶，聊天。看着大家有说有笑的样子，外公也笑了，笑得满面春风。我这时才明白，失去爱，可以让人走进寒冬，而得到爱，可以让人走进春天。爱，才是春天的发源地，爱才是老人们一直等待的春天。

春节很快过去了，候鸟式的迁徙又开始了。外公又回到了他的冬天。原来，人生的春冬与自然的春冬是相同的，都有着轮回。只是人生的春冬不是固定地转换，而是看春天的发源地——爱到来的时候。

请记住，老人们的春天从子女的爱里来，要想给出爱，请常回家看看！

那年夏天

赵玉立

美是邂逅所得，亲近所得。

——题记

我们在那个夏季邂逅，夏花便在不知不觉中轻轻绽开，就像美丽的千纸鹤一样，在天空中飞过，留下一道浅浅痕迹。

那个夏天很燥热，亦像人的心情一样。天天生活在中考的阴霾里，一切都那么黑暗。直到那场大雨的到来，我才感觉到：一切都如此美好！

每天都是吃饭、睡觉、上网，这种三点一线的生活让我想到了某种动物，心里一惊，才猛地发现我又长胖了！便开始了我的夏季晨跑。

那天，早上有些阴沉，空气里似乎夹杂着霉味，我知道即将到来的是一场倾盆大雨，但殊不知它来得如此快，如此猛，让我措手不及。

公园的确足够大，树也足够多，但是要找一个能躲雨的地方还真难。我皱着眉头站在一棵大树下，手时不时地拍打着衣服或是整理着头发。雨透过树枝滴落在我的脖子上，我惊叫了一声“啊”。情况越来越不妙，衣服快全打湿了……

忽然一把伞在头顶撑起，我惊讶地抬起头，看到一张清秀的脸，她对着我笑。这人是不是认错人了，我不认识她啊，心想，她似乎从我的表情里看出了我的想法。

“不要怀疑，我只是顺路从这边走，然后看见你无奈地站在这里，这才过来的。”她依旧保持着淡淡的笑容。

“这世界上还真是好人多啊！”我不由地感叹。

“这雨好像一时不会停了，我们是站在这里还是慢慢地往前走？”她用询问的语气问我。

我被这“温柔”的一问给吓住了，小声回答说：“那慢慢地往前走吧！”

“我不想回家，还是慢点儿走吧。家里气氛不好。”我低着头说。

“怎么了？”她似乎很想知道原因。

“中考没考好，觉得有点儿对不起爸爸妈妈。”我声音小得似乎只有我自己能听见。

“嗯？你也是这届毕业生啊？那我们一样大哦。考试已成为过去式，你要想想你的未来。”她一本正经地对我说。

我用惊讶的眼神望着这个第一次见面的女生，她看上去很温和，也很亲切。

那天，来来回回走了几遍，我们各自讲述着各自的故事，时而可以听见爽朗笑声，时而眼眶红红的。

那天，我记得刚到家雨就停了，那天，我们并没有互相留下什么联系方式，那天之后，我们再也没再见过。

我们在那个夏季邂逅，一起聆听夏花开放的声音，有一种“美”就这样悄悄来临，没有任何预示的降临在我和她的身上。